加气站

操作实务手册

JIAQIZHAN CAOZUO SHIWU SHOUCE

主　　编　高有辉

常务副主编　姜志宏

副 主 编　党建军　雷建平　曹晓延　高俭平

编　　写　伏保刚　卢连俊　魏晋斌　张　军　李　军

黄利云　张　弦　杨文忠　王新莉　李书成

兰州大学出版社

图书在版编目(CIP)数据

加气站操作实务手册 / 高有辉主编. —兰州：兰州大学出版社,2014. 1
ISBN 978-7-311-04405-3

Ⅰ. ①加… Ⅱ. ①高… Ⅲ. ①天然气—配气站—操作—手册 Ⅳ. ①U491. 8 -62

中国版本图书馆 CIP 数据核字(2014)第 016937 号

策划编辑　陈红升
责任编辑　郝可伟　薛小玲
封面设计　李鹏远　姜志宏

书　　名　加气站操作实务手册
作　　者　高有辉　主编
出版发行　兰州大学出版社　(地址:兰州市天水南路 222 号　730000)
电　　话　0931 -8912613(总编办公室)　0931 -8617156(营销中心)
　　　　　0931 -8914298(读者服务部)
网　　址　http://www. onbook. com. cn
电子信箱　press@lzu. edu. cn
印　　刷　兰州万易印务有限责任公司
开　　本　710 mm×1020 mm　1/16
印　　张　15. 5(插页 1)
字　　数　200 千
版　　次　2014 年 1 月第 1 版
印　　次　2014 年 1 月第 1 次印刷
书　　号　ISBN 978-7-311-04405-3
定　　价　50. 00 元

前 言

随着天然气管道的不断延伸和扩展,天然气已成为一种新型的清洁能源,在工业交通及城市居民生活中得到广泛的普及和利用。加气站是在这种大的环境和前提下应运而生的,它为城市交通运输工具替换新的清洁燃料提供了便利的条件,为美化、净化城市环境发挥着积极作用。加气站作为一种新型的资源供应链条和易燃易爆场所,其自身的业务运作与管理、安全环保的运行与操作迫切需要与之相配套的比较完善的制度来保障和支撑。《加气站操作实务手册》就是应现实需求,通过实践、积累、改进、总结归纳编撰而成的一套比较系统的管理制度和操作规程。

《加气站操作实务手册》共分十章,包含了加气站建站程序、开工试车、购销存业务、管理制度、操作规程、应急预案以及设备、安全、电气管理和常见故障诊断与排除等相关内容。手册的编写立足实操积累、流程改进和管理完善,是目前国内较全面、系统介绍加气站管理与操作的资料,其运营流程、操作规范和管理制度具有实用性。为同行业加气站经营管理提供了参考依据,对加气站规范管理具有一定的指导作用。在2012年荣获"甘肃省第五届职工优秀技术创新二等奖"。

目前,《加气站操作实务手册》已在中国石油甘肃销售公司系统内的加气站广泛应用。其主要的流程与规范也在中国石油山西、山东、云南等同行业销售公司得到借鉴和使用。

本书可供从事加气站经营与管理及相关专业人士参考,并可作为加气站管理与操作人员的培训教材。

编者 [illegible]

[illegible]

目 录

一 综 述 …… 001

(一)天然气简介 …… 001
(二)CNG加气站简介 …… 003
(三)加气站分类 …… 003
(四)加气站工艺流程 …… 004

二 加气站建设与投产 …… 007

(一)办理建设手续的相关规定 …… 007
(二)办理建设手续的工作流程 …… 010
(三)加气站建设与施工 …… 016
(四)加气站投产开工试车 …… 021
(五)加气母站投产开工试车 …… 027

三 人力资源 …… 034

(一)定编定岗 …… 034
(二)考核与评价 …… 041
(三)岗位风险及应对措施 …… 046
(四)员工培训的主要内容 …… 051

四 进销存业务 …… 056

(一)部门职责 …… 056
(二)天然气购销业务 …… 058
(三)天然气库存业务 …… 062
(四)加气站计量保管台账 …… 064
(五)加气母子站月末盘点流程及账务处理 …… 065

五 制度规范 …… 067

(一) 压力容器的使用和管理制度 …… 067
(二) 加气站生产及操作管理制度 …… 068
(三) 充装质量保证制度 …… 070
(四) 充装前气瓶检验制度 …… 071
(五) 设备巡检制度 …… 072
(六) 加气站用电管理制度 …… 073
(七) 加气站交接班制度 …… 076
(八) 加气母站门卫管理制度 …… 077
(九) 加气站进站须知 …… 077
(十) 加气站维修施工管理制度 …… 078
(十一) 事故紧急处理措施管理规定 …… 079
(十二) 事故上报及处理管理制度 …… 080

六 操作规程 …… 082

(一) 加气母站操作规程 …… 082
(二) 压缩机加气子站操作规程 …… 093
(三) 液压加气子站操作规程 …… 100
(四) 标准加气站操作规程 …… 104
(五) 加气员现场服务"十步法" …… 112
(六) 加气站收银操作"六步法" …… 113

七 安全管理 …… 114

(一) 安全禁令 …… 114
(二) 加气站本质安全要求 …… 116
(三) 加气站安全管理规定 …… 119
(四) 生产作业人员安全防火管理制度 …… 124
(五) 加气站安全风险识别与控制 …… 126

八 设备管理 …… 133

(一) 设备管理办法 …… 133
(二) 设备维护保养 …… 139

(三) 设备检修管理 …… 141
(四) 设备事故管理 …… 145

九 电气管理 …… 148

(一) 电气设备防爆管理规定 …… 148
(二) 电气设备安全管理 …… 149
(三) 电气设备检修管理规定 …… 151
(四) 防雷电、静电措施 …… 152

十 加气站常见故障诊断和排除 …… 154

(一)压缩机润滑系统 …… 154
(二)压缩机进排气系统 …… 157
(三)安全放散系统 …… 160
(四)压缩机控制系统 …… 161
(五)售气机系统 …… 163
(六)其他系统 …… 166
(七)常见故障诊断和排除速查表 …… 168

附件1：加气站应急预案 …… 179

附件2：相关记录及附表 …… 233

附件3：引用的规范性文件 …… 241

后记 …… 242

一　综　述

（一）天然气简介

天然气是一种多组分的混合气态燃料，主要成分是烷烃，其中甲烷占绝大多数，另有少量的乙烷、丙烷和丁烷。它主要存在于油田、气田、煤层和页岩层中。天然气燃烧后无废渣、废水产生，相较煤炭、石油等能源有使用安全、热值高、洁净等优势。天然气又可分为伴生气和非伴生气两种。

1.基本介绍

从广义的定义来说，天然气是指自然界中天然存在的一切气体，包括大气圈、水圈和岩石圈中各种自然过程形成的气体。而人们长期以来通用的“天然气”的定义，是从能量角度出发的狭义定义，是指天然蕴藏于地层中的烃类和非烃类气体的混合物。

天然气主要存在于油田气、气田气、煤层气、泥火山气和生物生成气中，也有少量出于煤层。天然气又可分为伴生气和非伴生气两种。伴随原油共生，与原油同时被采出的油田气叫伴生气；非伴生气包括纯气田天然气和凝析气田天然气两种，在地层中都以气态存在。凝析气田天然气从地层流出井口后，随着压力的下降和温度的升高，分离为气液两相，气相是凝析气田天然气，液相是凝析液，叫凝析油。

依天然气蕴藏状态，又分为构造性天然气、水溶性天然气、煤矿天然气等三种。而构造性天然气又可分为伴随原油出产的湿性天然气、不含液体成分的干性天然气。

天然气燃料是各种替代燃料中最早广泛使用的一种，它分为压缩天然气(CNG)和液化天然气(LNG)两种。压缩天然气(CNG)主要替代一部分汽油燃料，液化天然气(LNG)主要替代一部分柴油燃料。作为汽车燃料，天然气具有单位热值高、排气污染小、供应可靠、价格低等优点，已成为世界车用清洁燃料的发展方向，而天然气汽车则已成为发展最快、使用量最多的新能源汽车。国际天然气汽车组织的统计显示，十年来天然气汽车的年均增长速度为20.8%，全世界共有大约1270万辆使用天然气的车辆，2020年总量将达7000万辆，其中大部分是压缩天然气汽车。

2.化学成分

天然气主要成分是甲烷(CH_4)，还含有少量乙烷、丁烷、戊烷、二氧化碳、一氧化碳、硫化氢等。无硫化氢时为无色无臭易燃易爆气体，密度多在0.6~0.8 g/cm^3，比空气轻。此外一般有微量的稀有气体，如氦和氩等。在标准状况下，甲烷至丁烷以气体状态存在，戊烷以上为液体。甲烷是最短和最轻的烃分子。

有机硫化物和硫化氢(H_2S)是常见的杂质，在大多数利用天然气的情况下都必须预先除去。尽管天然气是无色无味的，然而在送到最终用户之前，还要用硫醇来给天然气添加气味，以助于泄漏检测。天然气不像一氧化碳那样具有毒性，它本质上是对人体无害的。不过如果天然气处于高浓度的状态，并使空气中的氧气不足以维持生命的话，还是会致人死亡的，毕竟天然气不能用于人类呼吸。作为燃料，天然气也会因发生爆炸而造成伤亡。虽然天然气比空气轻而且容易发散，但是当天然气在房屋或帐篷等封闭环境里聚集的情况下，达到一定的比例时，就会触发威力巨大的爆炸。爆炸可能会夷平整座房屋，甚至殃及邻近的建筑。甲烷在空气中的爆炸极限下限为5%，上限为15%。

天然气车辆发动机中要利用到压缩天然气的爆炸，由于气体挥发

的性质,在自发的条件下基本是不具备的,所以需要使用外力将天然气浓度维持在5%到15%之间以触发爆炸。

甲烷燃烧化学方程式:甲烷+氧气→二氧化碳+水蒸气

完全燃烧:$CH_4+2O_2=CO_2+2H_2O$(反应条件为点燃)

不完全燃烧:$2CH_4+3O_2=2CO+4H_2O$

(二) CNG加气站简介

CNG加气站是指以压缩天然气(CNG)形式向天然气汽车(Natural Gas Vehicle)提供燃料的场所。天然气管线中的气体一般先经过前置净化处理，除去气体中的硫和水分，再由压缩机组将压力由0.1~1.0 MPa压缩到25 MPa，最后通过售气机给车辆加气。压缩天然气(Compressed Natural Gas)是一种最理想的车用替代能源,其应用技术经数十年发展已日趋成熟。它具有成本低、效益高、无污染、使用安全便捷等特点。

(三) 加气站分类

一般根据加气站现场接入天然气气源的不同,基本可分为标准加气站、加气母站和加气子站。

1.标准加气站

标准加气站是建在有天然气管线通过的地方,从天然气管线直接取气,进站压力0.4 MPa,天然气经过脱硫、脱水等工艺,进入压缩机进行压缩,经过压缩后压力达到25 MPa。然后进入售气机给车辆加气。通常常规加气量在600~1000 m^3/h(立方米每小时)之间。

2.加气母站

加气母站从天然气管线直接取气，进站压力1~1.5 MPa，经过脱硫、脱水等工艺,进入压缩机压缩,然后经有储气瓶(25 MPa)的槽车运输到加气子站给汽车加气,它也兼有常规站的功能。加气母站多建在城市门站附近,母站的加气量在2500~4000 m^3/h之间。

3.加气子站

加气子站是建在加气站周围没有天然气管线的地方,一般建设在城市内,以方便车辆加气,或者建设在没有燃气管道敷设的乡镇的工业区,供给天然气作为能源。加气母站利用压缩机将天然气加压储存,再由专用运输车将25 MPa压缩天然气运往加气子站,加气子站再给CNG汽车加气。

(四) 加气站工艺流程

1.标准加气站

加气站天然气引自中压天然气管网,经过滤、计量后进入干燥器,经干燥处理后,再经缓冲罐后进入压缩机加压,通过优先/顺序控制盘为储气井组充装天然气,或直接输送至加气机为CNG燃料汽车加气,也可以利用储气井组内的天然气通过加气机为CNG燃料汽车加气。

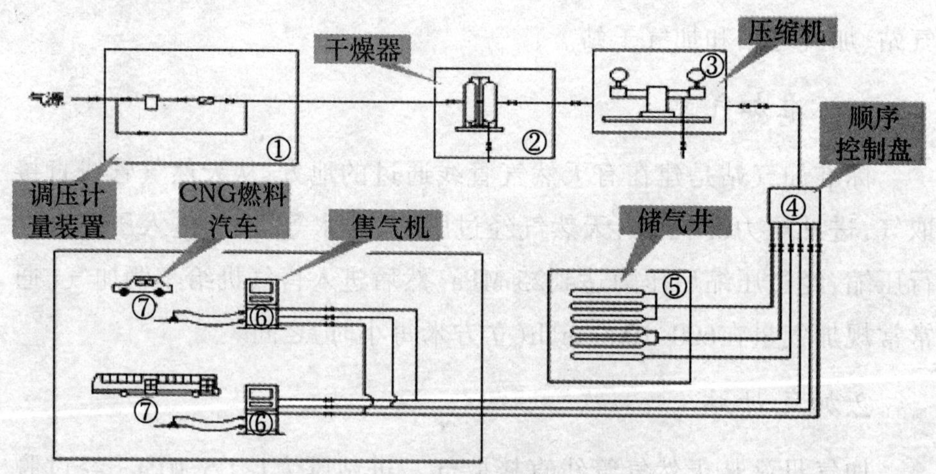

图1-1 标准站工艺流程图

2.加气母站

加气母站气源来自天然气高压管网,过滤计量后进入干燥器进行脱水处理,干燥后的气体通过缓冲罐进入压缩机加压。压缩后的高压气体分为两路:一路通过顺序控制盘,进入储气井,再通过加气机给CNG燃料汽车充装CNG;另一路进加气柱给CNG槽车充装CNG。

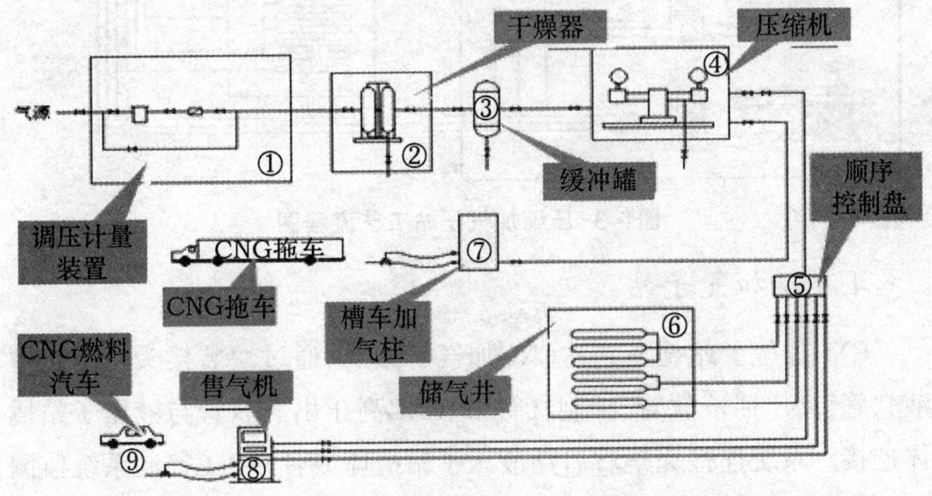

图1-2 加气母站工艺流程图

3.压缩加气子站

CNG加气子站拖车到达CNG加气子站后,通过卸气高压软管与卸气柱相连。启动卸气压缩机,CNG经卸气压缩机加压后,通过顺序控制盘进入高、中、低压储气井组,储气井组里的CNG可以通过加气机给CNG燃料汽车加气。

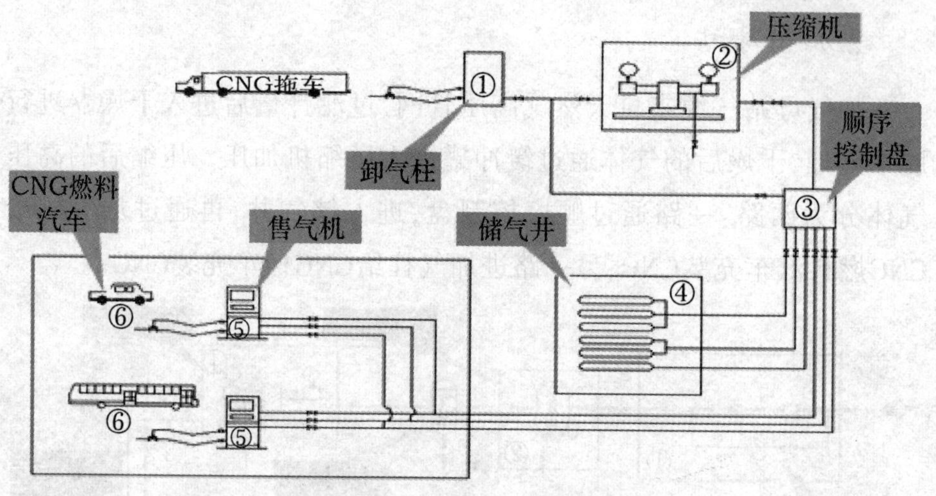

图1–3 压缩加气子站工艺流程图

4.液压加气子站

CNG加气子站拖车到达CNG加气子站后,通过快装接头将高压进液软管、高压回液软管、控制气管束、CNG高压出气软管与液压子站撬体连接。系统连接完毕后启动液压子站撬体或者在PLC控制系统监测到液压系统压力低时,高压液压泵开始工作,PLC自动控制系统会打开一个钢瓶的进液阀门和出气阀门,将高压液体介质注入钢瓶,保证CNG子站拖车钢瓶内气体压力保持在20~22 MPa,CNG通过钢瓶出气口经CNG高压出气软管进入子站撬体缓冲罐后,经高压管输送至CNG加气机给CNG燃料汽车加气。

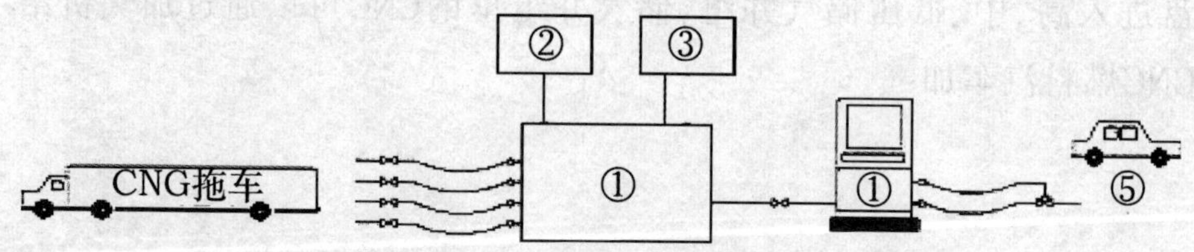

①液压子站撬体;②气动控制系统;③控制柜;④售气机;
⑤CNG燃料汽车。

图1–4 液压加气子站工艺流程图

二 加气站建设与投产

(一) 办理建设手续的相关规定

1.建设项目用地预审

建设项目用地预审是指建设项目可行性研究阶段,政府土地行政主管部门依法对建设项目涉及土地利用的事项进行的审查。建设项目用地预审是实施土地利用总体规划的一项重要措施。发改委等部门正式立项前,由国土管理部门出具关于项目用地有关情况的意见,是立项的一个前置条件,是一种行政许可,一般有效期为2年。有效期内具有法律效力。

建设项目用地预审法律、法规依据是:《建设用地预审管理办法》(国土资源部2004年11月1日27号令发布);《国土资源听证规定》(国土资源部2004年元月9日22号令发布);《国务院关于深化改革严格土地管理的决定》(国发〔2004〕28号)。

2.环境影响评估

环境影响评估是指对规划和建设项目实施后可能造成的环境影响进行分析、预测和评估,提出预防或者减轻不良环境影响的对策和措施。环境影响评估的目的是为了实施可持续发展战略,预防因建设项目实施后对环境造成不良影响,促进经济、社会和环境的协调发展。

根据《中华人民共和国环境影响评价法》,对建设项目的环境影响

评价实行分类管理(统称为环境影响评价文件):

(1) 环境影响报告书,可能造成重大环境影响的,对产生的环境影响进行全面评价。

(2) 环境影响报告表,可能造成轻度环境影响的,对产生的环境影响进行分析或专项评价。

(3) 环境影响登记表,对环境影响很小、不需要进行环境影响评价的。

3.安全条件论证报告

安全条件论证是指在可行性研究阶段,企业对项目选址、工艺等各个环节是否具备安全条件所编制的论证报告。编制安全条件论证首先要确定基本工作内容:界定需要论证的建设项目,详细了解其主要生产工艺和周边环境等方面的情况,然后分析其内在的危险、有害因素对其周边单位生产、经营活动或者居民生活的影响,周边单位生产、经营活动或者居民生活对建设项目的影响,当地自然条件对建设项目的影响,若以上三个方面的影响均未超过要求,则认为该建设项目具备安全生产条件。

安全条件论证要根据建设项目的具体情况,搜集相关法律、法规和技术标准,特别是要了解当地省、市政府的有关文件,准确掌握其要领,这是做好建设项目安全条件论证的基础,主要依据:

(1) 法律、法规和技术标准;

(2) 文件要求;

(3) 建设单位提供的相关资料。

4.安全设计论证

安全设计论证是通过对项目的安全条件论证,可以明确该项目内在的危险、有害因素对周边场所、区域的影响是否符合国家有关规范、标准和规定;周边的生产经营活动对该建设项目的影响是否符合国家有关规范、标准和规定；所在地的自然条件对该建设项目的影响是否在可接受和可控制的范围内。

安全设计论证法律、法规依据是：《中华人民共和国安全生产法》；《中华人民共和国矿山安全法》；《中华人民共和国劳动法》；《中华人民共和国职业病防治法》；《中华人民共和国消防法》；《中华人民共和国环境保护法》；《中华人民共和国矿山安全法实施条例》；《中华人民共和国尘肺病防治条例》；《劳动防护用品监督管理规定》；《关于开展重大危险源监督管理工作的指导意见》；《非煤矿矿山建设项目安全设施设计审查与竣工验收办法》等相关法律法规。

安全设计论证标准规范是：《金属非金属矿山安全规程 GB 16423—2006》；《岩金矿地质勘查规范 DZ/T 0205—2002》；《地质矿产勘查测量规范 ZBD 10001—1989》；《1:500、1:1000、1:2000地形图图式 GB 7929—1985》；《矿区水文地质工程地质勘探规范 GB 12719—1991》；《爆破安全规程 GB 6722—2003》；《重大危险源辨识 GB 18218—2000》；《生产性粉尘作业危害程度分级 GB 5817—1986》；《生产过程安全卫生要求总则 GB 12801—1991》；《建筑物防雷设计规范 GB 50057—2000》；《劳动保护用品选用规则 GB 11651—2000》；《漏电保护器安装和运行 GB 13955—1992》；《消防安全标志设置要求 GB 15630—1995》；《工业与民用电力装置的接地设计规范 GBJ 65—1983》；《建筑设计防火规范 GBJ 16—1987 (2001版)》；《矿山电力设计规范 GB 50070—1994》；《安全评价通则 AQ 8001—2007》；《安全预评价导则 AQ 8002—2007》等相关标准规范。

5.建设工程许可证

建设工程许可证是由城市规划行政主管部门依法核发的，确认有关建设工程符合城市规划要求的法律凭证。建设工程规划许可证是有关建设工程符合城市规划要求的法律凭证，是建设单位建设工程的法律凭证,是建设活动中接受监督检查时的法定依据。没有此证的建设单位,其工程建筑是违章建筑,不能领取房地产权属证件。

建设工程许可证法律依据是《中华人民共和国城乡规划法》第四十条规定:在城市、镇规划区内进行建筑物、构筑物、道路、管线和其他工程建设的,建设单位或者个人应当向城市、县人民政府城乡规划主管部门或者省、自治区、直辖市人民政府确定的镇人民政府申请办理建设工程规划许可证。

6.特种设备资格认证

特种设备是指涉及生命安全、危险性较大的锅炉、压力容器(含气瓶)、压力管道、电梯、起重机械、客运索道、大型游乐设施和场(厂)内专用机动车辆。省级质量安全监察部门负责特种设备资格的认证工作。

特种设备资格认证法律依据是:中华人民共和国国务院令(第549号)国务院关于修改《特种设备安全监察条例》的决定。

(二) 办理建设手续的工作流程

1.加气站建设项目选址意见书审批流程

2.招标拍卖挂牌出让国有土地使用权工作流程

3.建设用地规划许可证办理流程

4.建设工程规划许可证审批流程

5.特种设备资格认证取证流程

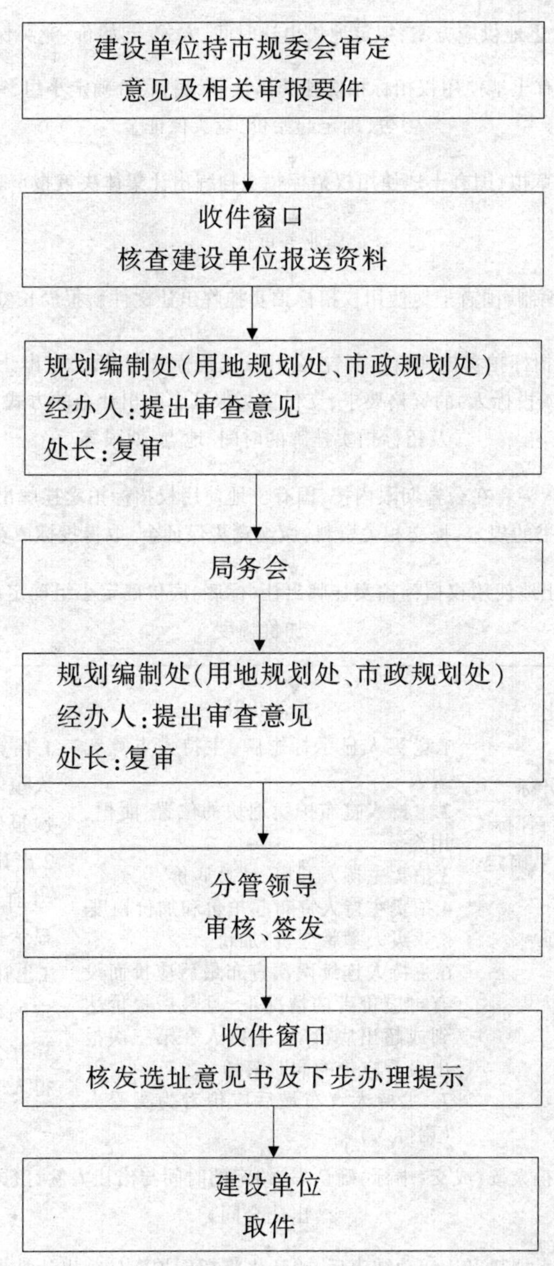

图 2-1 加气站建设项目选址意见书审批流程图

草拟土地供应方案，拟定地块出让时间、方式、起始价、竞买保证金

↓

报兰州市国有土地使用权招标拍卖挂牌出让(标底)底价确定小组，审定土地评估报告，确定起始价，竞买保证金

↓

草拟《国有土地使用权招标拍卖挂牌出让集体决策报审表》

↓

局业务审批

↓

编制《国有土地使用权招标拍卖挂牌出让文件》，报局长签发

↓

出让方发布招标拍卖挂牌出让公告、公开发送招标邀请书，公布出让宗地的基本情况、竞买人(或投标人)的资格要求，支付竞买保证金及出让金的方式、数额和期限以及招标拍卖挂牌的时间、地点、期限等

↓

有意投标或竞买者在公告期限内按《国有土地使用权招标拍卖挂牌出让文件》及招标邀请书的规定，提交相关资料，缴纳竞买保证金，取得投标或竞买资格

↓

兰州市国有土地使用权招标拍卖挂牌出让(标底)底价确定小组确定出让地块底价及加价幅度

↓

招标出让	拍卖出让	挂牌出让
1.投标人投标 2.出让人组织开标 3.评标小组进行评标 4.依据评标结果确定中标人 5.公证机关公证	1.竞买人显示标志牌，主持人点算竞买人 2.主持人宣布拍卖地块的位置、面积、用途 3.拍卖主持人开启，计算底价 4.拍卖主持人宣布起拍价和加价幅度 5.竞买人举牌应价、加价 6.主持人连续两次宣布最后应价而没有再应价者的情况下，且最后报价达到或超出底价时，主持人在第三次报出最后应价的同时落槌 7. 主持人宣布最后应价者为买受人(竞得人)	1.在竞价期限内，竞买人填写报价后，可以多次报价 2.出让人确认该报价为当前最高报价后更新显示挂牌价格 3.出让人在挂牌公告规定的截止时间开启，计算并公布底价，确定竞得人

↓

中标人或竞得人按《成交(中标)确认书》约定的时间与出让人签订《国有土地使用权出让合同》

↓

招标拍卖挂牌出让活动结束后，出让人将招标拍卖挂牌出让结果予以公布

↓

受让人依照出让合同的约定付清全部成交价款，契税后(采取拍卖方式出让还须付清拍卖佣金)，依法申请办理土地登记，领取《国有土地使用证》

图 2-2　招标拍卖挂牌出让国有土地使用权工作流程图

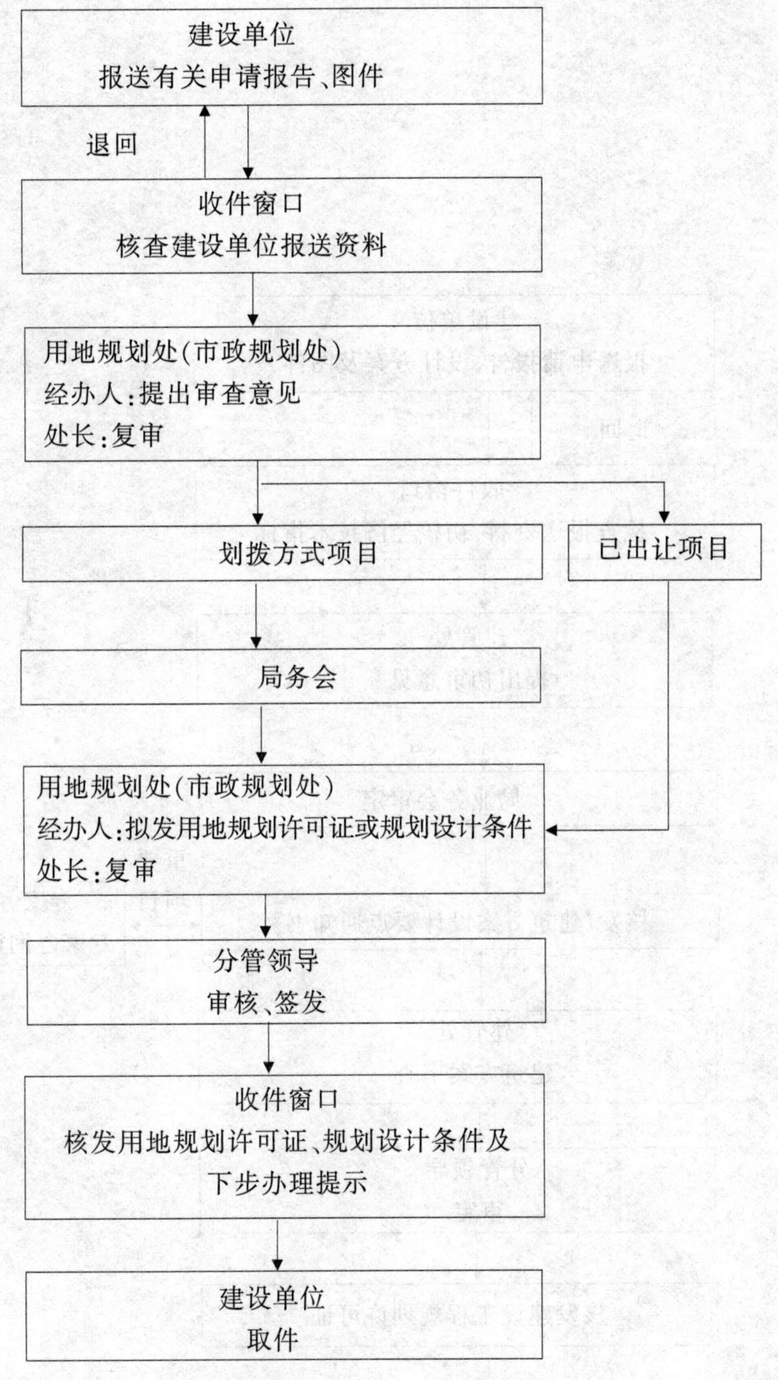

图 2-3 建设用地规划许可证办理流程图

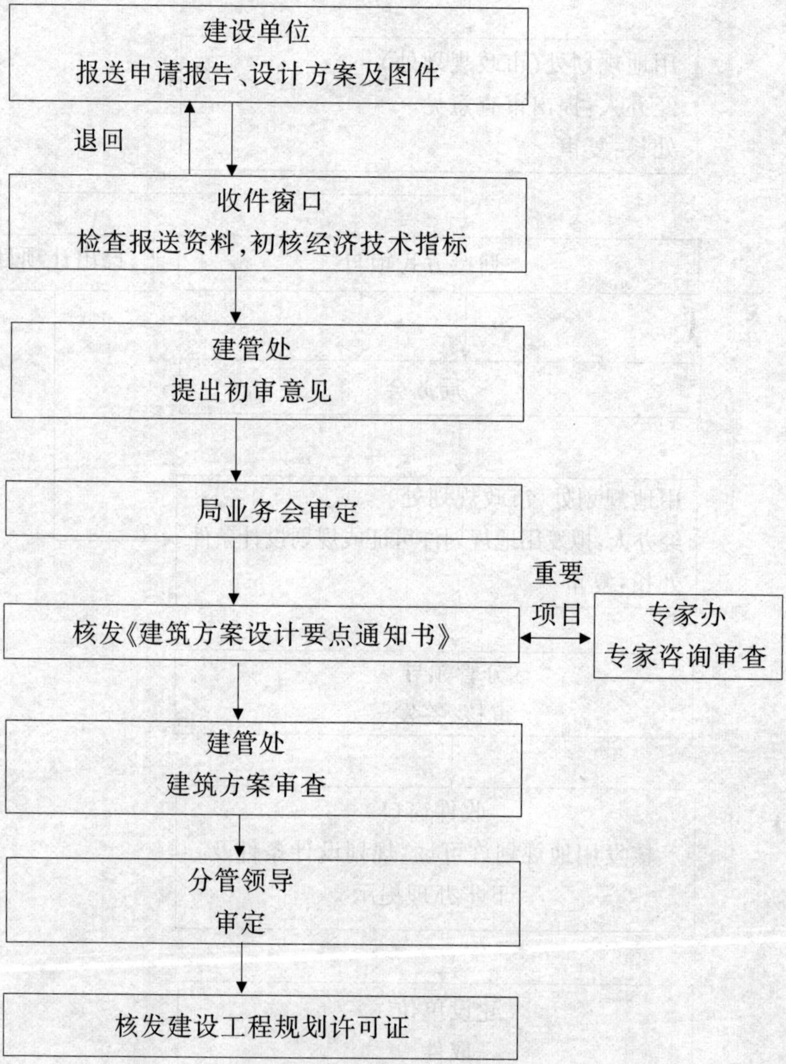

建设单位
报送申请报告、设计方案及图件

↓↑ 退回

收件窗口
检查报送资料，初核经济技术指标

↓

建管处
提出初审意见

↓

局业务会审定

↓

核发《建筑方案设计要点通知书》 ⟷ 重要项目 ⟷ 专家办 专家咨询审查

↓

建管处
建筑方案审查

↓

分管领导
审定

↓

核发建设工程规划许可证

图 2-4 建设工程规划许可证审批流程图

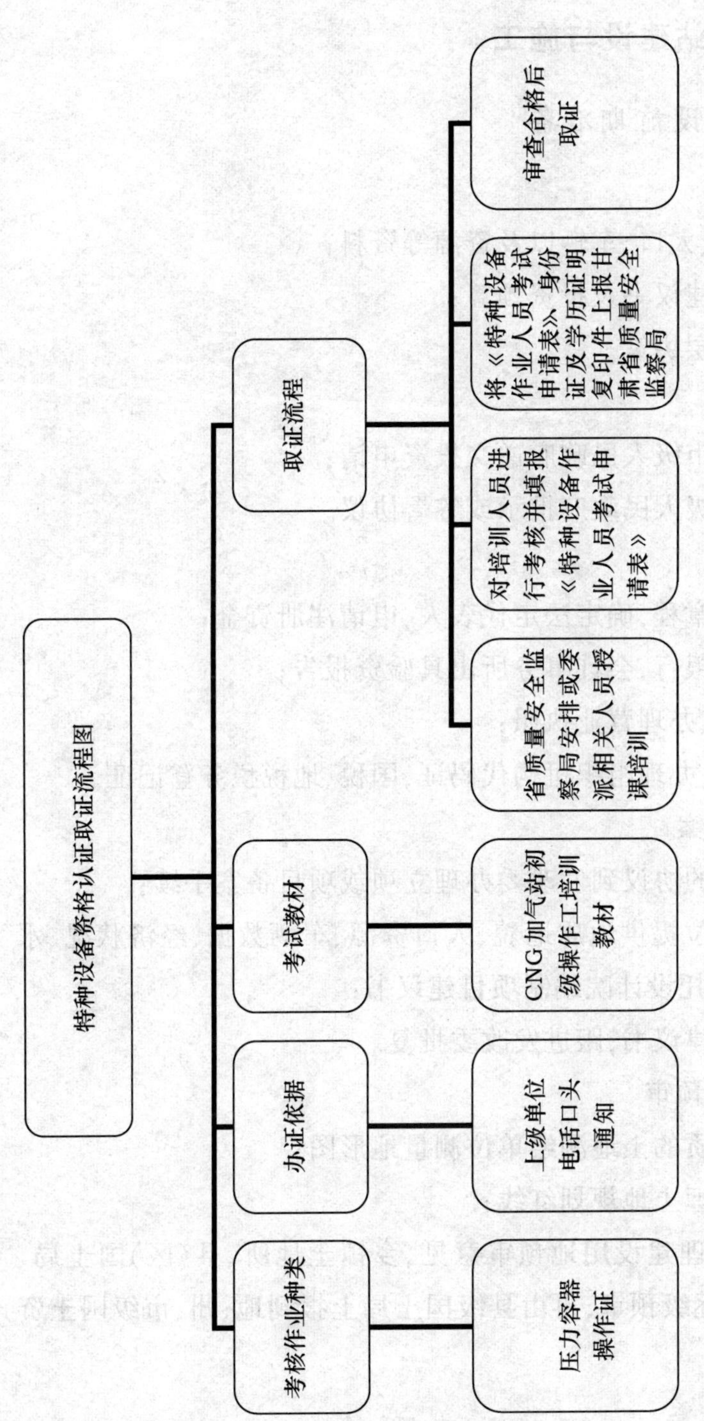

图 2-5 特种设备资格认证取证流程图

(三) 加气站建设与施工

1.加气站建设前期准备

(1) 市场调研

① 搜集经济、人口、车辆以及资源等资料；

② 编制项目建议书及投资预算；

③ 公司决策层决策。

(2) 项目审批

① 向地、州、市级人民政府递交投资申请；

② 地、州、市级人民政府批示或签署协议。

(3) 注册公司

① 编制公司章程,确定法定代表人,申请注册资金；

② 选择开户银行,会计事务所出具验资报告；

③ 注册公司、办理营业执照；

④ 刻制公章、办理组织机构代码证,国税、地税税务登记证。

(4) 立项或备案

① 根据签订的协议到发改委办理立项或项目备案手续；

② 为设计单位提供地质地貌、人口资源、车辆数据、经济状况、水文气象等资料,委托设计院编制项目建议书；

③ 上报项目建议书,跟进发改委批复。

(5) 建设用地预审

① 联系有资质的土地测绘单位测量地形图；

② 规划局办理土地规划红线；

③ 土地局办理建设用地预审意见,乡镇土地所、县(区)国土局、县(区)人民政府逐级预审,再由县级国土局上报到地、州、市级国土资源局审批。

(6) 环境影响评估

① 确定有资质的环评单位编制环境影响报告；

② 地、州、市级环保局组织专家对环境报告评估。

(7) 安全条件论证

① 建设单位提供建站周边环境，有资质单位编制站址周边安全条件；

② 县(区)级安全生产监督管理局组织安监局、技术监督局、消防部门专家论证,出具论证意见。

(8) 安全与评价评审

① 确定有资质单位编制安全预评价报告书；

② 县(区) 级安全生产监督管理局提交报告书,并由安监局上报地、州、市级安全生产监督管理局组织专家评审,出具意见。

(9) 建设用地申请

① 土地局公示(一般30天)后,缴纳土地出让金；

② 办理建设用地许可证。

(10) 地质勘探报告书

委托有资质的地质勘探单位,对站区地质结构钻探,出具地质结构报告。

(11) 施工设计

① 为设计院提供以上前期资料,提出建站性质、规模；

② 设计院出具可研或项目建议书、施工蓝图、安全设计专篇和消防专篇。

(12) 图纸审核

① 给消防部门报送设计院设计的施工蓝图、请求审理图纸；

② 向建设局上报施工蓝图；

③ 建设中要根据消防审图意见及时要求设计院修改图纸。

(13) 安全设计论证

将设计院编制的安全设计专篇提交至安监局，由安监局组织相关专家、政府部门人员对周边环境论证，出具论证结论。

(14) 办理建设工程许可证

由建设局办理建设工程许可证。

(15) 办理施工许可证

① 施工单位到当地建设局备案，缴纳建设工程费、施工方案；

② 监理单位到当地建设局办理备案手续；

③ 建设单位到建设局缴费，办理建设工程许可证。

(16) 质量监督

① 施工单位进入现场的材料（如水泥、钢材、机砖）到建设局质检站办理质检手续；

② 建设单位进入现场的压力容器需到质量技术监督局办理备案手续。

2.加气站项目效益评价的主要内容

(1) 总论

项目概述、编制原则、编制依据。

(2) 市场分析

市场环境分析、网络规划。

(3) 销量预测

所临道路状况、车流量测算、依托环境。

(4) 气源分析

气源现状、气源发展形势。

(5) 工程内容

工程评价、工程建设方案、工程投资估算。

(6) 法律风险分析

主体资格认定、法律证照、规避风险的措施、法律风险评价结论。

(7) 加气站效益评价及项目投资估算

见加气站效益评价测算表2–1。

(8) 经济评价

财务评价参数标准、费用估算参数、财务评价结果、敏感性分析。

(9) 结论及建议

评价结论、风险及措施、项目建议。

表2–1　加气站效益评价测算表

编制单位：　　　　　　　　　　　　　　　　单位：吨、元、元/吨人

项 目	财务指标测算数		备注
	总额	吨气	
1.销售量(吨)			
2.销售收入			
3.主营业务成本			
4.销售折扣及折让			
5.销售毛利			
6.销售毛利率(%)			销售毛利/销售收入
7.主营业务税金及附加			
8.商品流通费总额			
其中：员工成本			
运输费			
修理费			
租赁费			
折旧费			
办公费			
水电暖			
检测费			
安保基金			
其他费用			
9.利润			
其中：吨气利润			利润/销售量
人均利润			
10.盈亏平衡点销售量(吨)			商品流通费/销售毛利
11.投资成本			
12.投资回收期(年)			
13.内部收益率			利润 *(1–所得税率)/投资成本

3.工程施工及验收

(1) 施工

场地平整;修建围墙;建设房屋;接地极、预埋管、上下水等地下工程;设备基础砌电缆沟、管道沟;现浇场地(注:人员操作区采用花砖、混凝土厚6~10 cm即可,其余车行道按设计图施工)。

(2) 安装

① 提出设备到位和安装日期

提出加气雨棚的安装时间。

② 时间估算

设备安装时间——约二周;

设备调试时间——约一周;

管线安装、维护时间——约一周;

雨棚安装时间——约二周。

③ 由电力公司办理架设变压器手续;由自来水公司办理生活用水手续。

(3) 工程验收

① 施工单位整理竣工资料,建设方组织施工方、监理方、建设局、质检站现场验收;

② 邀请工程(预)决算单位进行工程决算,形成决算报告。

4.投产前的准备

(1) 取得压力容器使用证

整理储罐、加气机资料,到质量技术监督局办理压力容器使用证。

(2) 员工上岗取证培训

① 安监局办理负责人安全管理证、危化品操作证;

② 质量技术监督局办理特种行业上岗证、压力容器操作证。

(3) 防雷接地验收

当地气象局对站区防雷接地电阻测试,出具测试报告书。

(4) 压力表、安全阀校验

拆卸站区压力表、安全阀、温度计、流量计、加气机等设施,到技术监督局下设的压力容器检验机构校验,出具测试合格证。

(5) 消防验收

购置消防器材,整理资料上报市级消防部门验收。

(6) 办理土地证、房产证

① 国土资源局现场测绘和审核建设土地情况,办理土地使用证;

② 建设局、房产局缴纳建设工程、人防工程费用办理房产证。

(7) 安全验收

① 有资质的单位编制安全验收评价报告;

② 安监局组织专家评估、现场验收。

(8) 取得危化品特许经营许可证

整理竣工资料到安全生产监督局办理危化品特许经营许可证。

(9) 办理充装证

整理资料到省、地级质量技术监督局办理充装证。

(四) 加气站投产开工试车

1.成立相关工作小组,明确工作职责

(1) 开工试车领导小组,主要负责:

① 负责试车总体进度指挥;

② 负责开工试车人员协调安排。

(2) 设备安全管理组职责,主要负责:

① 对施工质量进行监督,对焊接质量进行检查,确保各项施工符合设计要求;

② 开工试车所需工具、备品备件、对讲机、氧含量测定仪、可燃气

体报警仪、消防器材、润滑油的准备工作；

③ 开工试车前“三查四定”问题整改监督和备案工作；

④ 开工试车过程中安全管理、应急救援工作；

⑤ 开工试车现场的安全检测及安全监护工作；

⑥ 静电接地检测及复核工作。

提示：

三查：

查设计漏项：结合现场实际情况对设计施工图纸进行最后一次审查，查看是否存在设计漏项，是否有需要进行补充设计或改进设计的。

查施工质量：首先查看工艺设备及管道安装是否与设计图纸一致，然后进行全方位的外观质量检查，需要整改的应以书面形式提出并要求立即整改。对于施工质量的内在检查，要求查看安装材料和焊接材料的质量证明书、焊接工艺评定报告、管道焊口无损探伤检测报告、管道系统吹扫和试压报告。

查未完工项目：现场检查有哪些项目按照施工进度计划应完工而未完工的。

四定：定流程，定方案措施，定操作人员，定时间。

(3) 后勤保障组职责，主要负责：

① 开工试车现场通讯联络及网络保障；

② 开工试车人员伙食供应，值班住宿，会议安排；

③ 开工试车现场安全保卫人员管理及安全保卫工作；

④ 服务生产车辆的统一调度。

2.开工要求、准备、验收

(1) 开工要求

① 配合施工单位确认站场内各项施工结束；

② 确认施工单位停止一切施工动火，检查并消除安全隐患；

③ 确认施工单位拆除站场内所有临时电源,临时管线等设施;

④ 监督施工单位将所有施工机械及剩余施工材料撤出现场,对站场进行清理,保证现场符合开工要求;

⑤配合监理及厂家确认所有设备、管线、容器、机组、仪表、电气设施均按设计要求安装完毕,并通过验收。

(2) 开工准备

① 组织上岗人员培训,并且考核合格;

② 准备消防器材和设备专用工具,指导操作人员学习使用方法,并能够熟练使用;

③ 准备压缩机用润滑油,干燥器用分子筛等化工原料;

④ 掌握工艺流程,运行参数,操作方法,事故应急处理等技能;

⑤ 配合设备厂家、施工单位做好开工技术指导工作;

⑥ 检查内容见表 2-2、表 2-3。

表 2-2 开工要求检查

序号	检查内容	检查人	确认人	备注
1	确认站场内各项施工结束			
2	停止一切施工动火			
3	拆除站场内所有临时电源,临时管线			
4	施工机械及剩余施工材料撤出现场,站场清理完毕			
5	所有设备、仪表、电气设施均按设计要求安装完毕,并通过验收			

表 2-3 开工准备检查

序号	检查内容	检查人	确认人	备注
1	上岗人员培训考核合格			
2	操作人员能够熟练使用操作用具和设备专用工具			
3	压缩机用润滑油,干燥器用分子筛添加到位			
4	考核操作人员掌握工艺操作方法、事故应急处理技能			
5	做好开工技术指导工作			

(3) 开工前吹扫、置换

加气站对天然气中水及杂质的质量要求较为严格,且天然气属于易燃易爆介质,与空气混合后易形成爆炸性混合气体,所以开工前必须对管线和容器设备内的水、杂质、空气进行吹扫置换,否则将会对生产试运行形成安全隐患,甚至发生安全事故或设备事故。加气母子站选用空气吹扫、氮气置换,在吹扫置换后,检测管线或设备内氧含量合格后引入天然气进行开工操作。在吹扫置换过程中,必须正确建立吹扫置换流程,合理设置吹扫点及排空点,吹扫置换避免产生死角,导致吹扫置换不完全。同时,应拆除压力表、过滤器等附件,避免杂质进入压力表、过滤器、计量仪表、压缩机等设施,合理设置相关盲板,在管线内留有氮气微正压状态加拆盲板时,应在上风口作业,做好安全措施,防止人员氮气窒息,杜绝安全隐患。

吹扫置换应准备空气压缩机和充足的氮气气源,制作带法兰或丝扣吹扫头,一端可接至被吹扫管线法兰或丝扣处,另一端配套接至空气压缩机或氮气气源,即可进行空气吹扫或氮气置换,吹扫过程中,必须保证各法兰放空处有空气排放,空气流速不得小于20 m/s。在进行氮气置换过程中,对各放空点氮气排放量进行相应调整,保证各排气点正压排放,所有人员不得进入氮气置换放空点半径5m内。

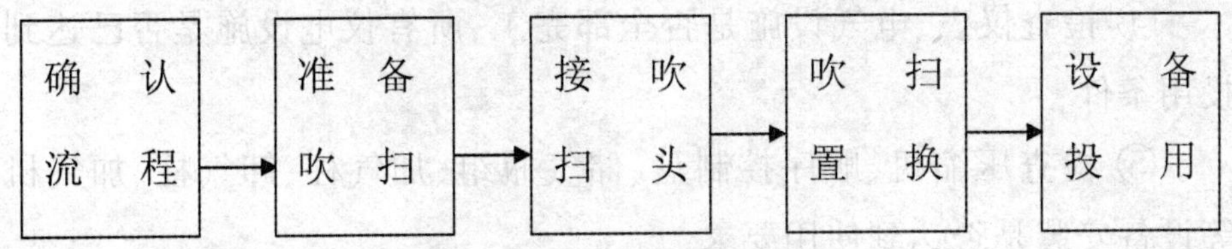

图2-6 吹扫、置换流程示意图

吹扫流程

第一路:由干燥器入口阀处制作吹扫接头,在干燥器入口阀后法兰接空气压缩机出口,压缩空气经过滤器阀吹扫至加气母站主管线阀盲板处留口放空。

第二路:由干燥器入口阀处制作吹扫接头,将其接空气压缩机出口,经支路阀通过站内自用气调压撬至锅炉房、厨房,引管接至室外放空。

第三路:由干燥器出口阀处制作吹扫接头,将其接空气压缩机出口,吹至压缩机入口阀前。

第四路:由压缩机出口阀后,制作吹扫接头接空气压缩机出口,吹至加气柱连接阀门前。

置换流程

第一路:吹至加气站主管线阀盲板处放空。

第二路:经干燥器、压缩机至加气柱放空。

第三路:站内自用气调压撬至锅炉房、厨房,引管接至室外放空。

加气站使用氧含量测试仪在置换放空点进行氧含量取样分析,在取样分析过程中,严格遵守取样标准,减少取样误差,在天然气内氧含量合格后,进行天然气引入操作,进入正常调试生产运营阶段。

(4) 开工前验收

① 配合施工单位组织好站场及设备交付工作;

② 检查施工单位是否按设计要求进行施工，是否保质保量完成施工;

③ 检查所有管线、低点放空、阀门等设施是否到位；

④ 检查仪表、电气设施是否全部完工，所有仪电设施是否已达到投用条件；

⑤ 检查压缩机、顺序控制盘、储气瓶组、加气柱、卸气柱、加气机等设备安装是否达到使用要求；

⑥ 检查施工单位对提出的“三查四定”问题是否整改完毕并通过验收；

⑦ 对干燥器、压缩机、加气柱、卸气柱、气源电动阀送电；

⑧ 对压缩机进行静态调试，单机运行，确认完好；

⑨ 检查各项施工材质检验报告、焊接探伤报告、管线容器试压报告是否齐全；

⑩ 对站场设施根据设计图纸进行全面清查，对有遗漏、错误、质量等各方面的问题，应立即组织整改达到使用要求；

⑪ 开工验收检查内容——表2–4。

表 2–4 开工验收检查

序号	检查内容	检查人	确认人	备注
1	配合施工单位组织好站场及设备交付工作			
2	配合监理检查是否按设计要求进行施工，并按质按量完成			
3	检查所有管线、低点放空、阀门等设施是否到位			
4	检查仪表、电气设施是否完工，并达到投用条件			
5	检查站场设备安装是否就位并达到使用要求			
6	检查“三查四定”是否按要求整改完毕并通过验收			
7	对站场设备送电			
8	对压缩机进行静态调试，单机试运，确认完好			
9	检查各项施工材质检验报告、焊接探伤报告、管线容器试压报告、气密报告资料是否齐全			
10	根据设计图纸对站场设施进行清查，组织整改达到使用要求			

(五) 加气母站投产开工试车

1.开工要求、准备

(1) 检查高、低压管线、设备低点放空、法兰、卡套、阀门等设施是否达到开工使用条件；

(2) 检查设备压力表、温度计等是否按规定安装完毕,且经过检验；

(3) 检查压缩机开机工作是否准备完毕；

(4) 检查干燥器、加气柱、拖车瓶组等设备是否处于备用状态；

(5) 检查压缩机润滑油及冷却系统是否达到使用条件；

(6) 检查过滤器、干燥器、压缩机排污、放空阀是否处于关闭状态；

(7) 检查压缩机安全阀下手阀是否处于正常开启状态；

(8) 组织填写主要设备测试表格,审核确认；

(9) 确认站场内所有仪表电器都完好且处于投用状态；

(10) 上游供气单位对加气站送气操作；

(11) 加气子站做好接收配送天然气的准备工作；

(12) 建设单位及厂家做好技术保障,发现问题及时解决。

2.引入天然气

(1) 联系上游供气单位进行送气,由加气母站经理确认上游供气单位送气操作完毕,通知加气母站压缩机操作工稍开加气母站天然气主管线入口阀,将天然气引入加气母站,进气主管线压力1.2~1.6 MPa,引入天然气过程应缓慢进行,同时对引气管路进行全面检查,检查无问题后可逐渐开大主管线阀门,若发现有泄漏,应立即启动应急预案的相应程序,重新检测正常后方可继续进行引入天然气操作。

(2) 天然气引至加气母站后,加气母站压缩机操作工打开干燥器入口两组过滤器前手动球阀,再打开两组过滤器的低点排凝阀进行排液检查,确认无液体无杂质后,关闭干燥器入口过滤器前手动球阀,打开干燥器入口过滤器后手阀,投用一组过滤器,向干燥器引入天然气,在过滤器投用过程中,认真检查管线、法兰、过滤器及仪表接口是否有泄漏,检查过滤器压差是否正常,如发现超过指标,应及时处理,正常后将天然气送至干燥器。

(3) 加气母站压缩机操作工调整干燥器流程,使用A塔进行天然气干燥,B塔备用,同时将天然气引至压缩机入口。

(4) 在整个引入天然气过程中,设备及管道投用天然气正常后,确保站区内现场各设备无故障,即可进行正常充装操作,准备向拖车瓶组充装天然气。

(5) 拖车瓶组就位,由加气员进行静电接地连接,由拖车司机进行确认后,启动加气柱开关,通知压缩机操作工启动压缩机,进行拖车瓶组充装操作。

提示:

在天然气进入天然气母站投用正常后,操作人员按工艺要求,对各项指标逐步进行调整,使各项操作指标达到生产运行要求,完成操作调整后,天然气压缩系统进入正常操作阶段。

按要求进行站场内巡检及拖车瓶组充装作业,加强工艺参数及设备运行监控,确认主线进气压力1.2~1.6 MPa,压缩机进气压力1.2~1.6 MPa,干燥器天然气露点不高于-15 ℃,压缩机出口压力不大于20 MPa,拖车瓶组充装后压力不大于20 MPa。

在各项操作调整过程都达到设计及工艺生产要求后,可进入正常操作。

3.按主要设备测试表要求的内容,做好设备测试工作

表2-5 压缩机性能测试

测试项目	设计数据	测试数据
环境温度 ℃		
测试介质		
进气压力 MPa		
进气温度 ℃		
1ST 排气压力 MPa		
2ND 排气压力 MPa		
3RD 排气压力 MPa		
4TH 排气压力 MPa		
1ST 排气温度 ℃		
2ND 排气温度 ℃		
3RD 排气温度 ℃		
4TH 排气温度 ℃		
油压 MPa		
回收罐压力:正常运转时 MPa		
回收罐压力:卸载时 MPa		
压缩机流量 SCFM		

填表人:　　　　　　　　　　　　审核人:

表2-6 压力开关和调压器测试

测试项目	监测气瓶	设计数据	测试数据
压缩机启动压力 MPa	L:　M:　H:√		
压缩机停机压力 MPa	L:√ M:√ H:√		
调压器压力 MPa			
干燥器压力 MPa			

填表人:　　　　　　　　　　　　审核人:

表2-7　电机测试

测试项目			铭牌/标牌示值	测试数据
压缩机主驱动电机				
制造商：		转速(RPM)		
型号：		功率 HP		
机架：		电压 VAC		
ENCL：		相电流 A (A)		
SF：		相电流 B (A)		
FLA：		相电流 C (A)		
曲轴箱加热器				
制造商：		功率 W		
型号：		电压		
		AMPS		
预润滑系统				
制造商：		功率 W		
型号：		电压		

填表人：　　　　　　　　　　　　　　　　审核人：

表2–8 润滑系统测试

测试项目	设计数据	测试数据
预润滑系统运行情况		
曲轴连杆润滑系统检测		
气缸润滑系统		
润滑油预热及冷却系统		
润滑油分配器检测		
润滑油泵检测		
过滤及回收检测		
润滑油加热器检测		

填表人： 审核人：

表2–9 电气系统测试

测试项目	测试结果
灯(控制柜面板灯/撬装灯)	
电源指示灯	
复位/关闭/自动开关	
控制盘接线端子	
PLC 时间/日期设置	
自动控制功能	

填表人： 审核人：

表2-10　传感器报警停机测试

测试项目	设计数据	测试数据
进气压力高报警 PSIG		
进气压力低报警 PSIG		
1ST 排气温度高报警 ℉		
2ND 排气温度高报警 ℉		
3RD 排气温度高报警 ℉		
4TH 排气温度高报警 ℉		
终级排气压力高报警 PSIG		
油压低报警 PSIG		
油位低报警		
冷却液流量低报警		
主驱动电机过载报警		
冷却风扇电机过载报警		
排空风扇电机过载报警		
气体探测器故障报警		
气体探测器报警下限值		
气体探测器报警上限值		
ESD 按钮吸合报警		
进气压力变送器故障报警		
排气压力变送器故障报警		
高压瓶组/BYPASS 压力变送器故障报警		
中压瓶组压力变送器故障报警		

填表人：　　　　　　　　　　审核人：

表2-11　管路泄漏检查

测试项目	测试数据
入口管路	
1ST 排气管路	
2ND 排气管路	
3RD 排气管路	
4TH 排气管路	
排气系统管路	
回收系统管路	
压力开关/电磁阀管路	
气缸部件和阀门部件	
润滑系统	
冷却系统管路	
售气机管路	
气瓶组管路	

填表人：　　　　　　　　　　　　　　　审核人：

表2-12　冷却系统测试

测试项目	设计数据	测试数据
环境温度 ℃		
进气压力 MPa		
1ST 排气压力 MPa		
2ND 排气压力 MPa		
3RD 排气压力 MPa		
4TH 排气压力 MPa		
进气温度 ℃		
1ST 排气温度 ℃		
2ND 进气温度 ℃		
2ND 排气温度 ℃		
3RD 进气温度 ℃		
3RD 排气温度 ℃		
4TH 进气温度 ℃		
4TH 排气温度 ℃		
冷却后气体温度 ℃		

填表人：　　　　　　　　　　　　　　　审核人：

三 人力资源

(一) 定编定岗

1.岗位要求

加气站岗位设置主要为加气站经理岗、加气站副经理岗(负责技术)、加气班长岗、设备管理岗(兼安全检查员)、压缩机操作岗、机电维修岗、加气岗、核算岗以及收银岗、便利店管理岗和后勤保障岗。

加气站依据经营规模、业务需要、工作饱和度确定岗位和工作人数,部分岗位可实行兼岗、并岗。加气站经理岗、加气班长岗、设备管理岗(兼安全检查员)、压缩机操作岗、加气岗和核算岗为必设岗位。

2.岗位设置

(1) 站经理:加气站设经理1人,副经理(技术负责人)1人。

(2) 操作岗位

① 设备管理员(兼安全检查员):加气站必须设置专职设备管理员和安全检查员,安全检查员可由设备管理员兼任。

② 压缩机操作工:天然气压缩机等设备机操工每班配备不少于1人。

③ 机电维修工:加气站最少设置专职维修人员1名。

(3) 财务岗位:独立核算的加气站设会计和出纳岗位;非独立核算的加气站不设会计岗位,但应设核算员岗位。

(4) 营业岗位

① 加气站每班设前庭主管1人并同时兼任现场安全员。

② 加气站应设置收银员、加气员、气瓶充装检查人员岗位，收银员可由加气员或便利店营业员兼任，气瓶充装检查人员可由加气员兼任。

(5)其他：日销售量在1.5 万方以上的加气站可酌情设置后勤岗位。

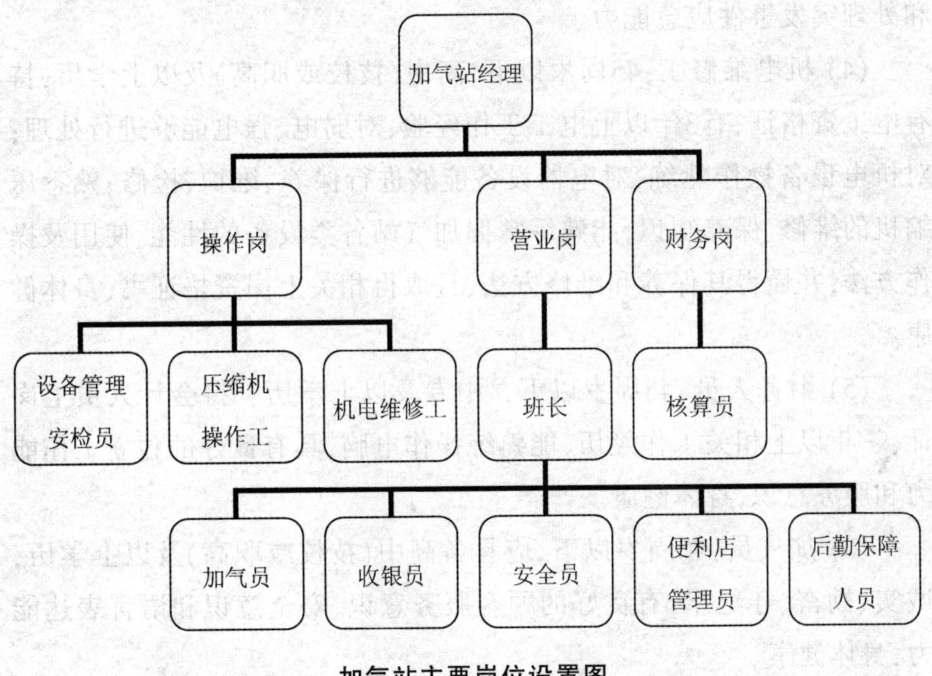

加气站主要岗位设置图

3.任职要求

(1) 加气站经理：大专以上学历，有两年以上销售管理经验或零售业、服务业工作经历；同时具备良好的组织及领导能力、良好的协调及沟通技巧、良好的顾客服务意识、安全意识和良好的独立工作能力，熟练操作电脑，身体健康；参加并通过加气站经理任职资格考试。

(2) 设备管理员(兼安全检查员)：45周岁以下、大专以上学历、熟悉压缩天然气充装法律法规、安全技术规范及专业技术知识，有加气站技术管理岗位两年以上工作经历,同时具备良好的安全意识和独立工作能力,能熟练操作电脑,身体健康;参加并通过当地质量技术监督部门CNG加气站从业资格考试。

(3) 压缩机操作工:通过地方质量监督部门开展的岗前培训,熟悉加气站工艺流程,取得质监部门颁发的特种设备操作证;在规定期限内,取得初级加气站操作工职业资格证书;掌握岗位应知应会知识和处理突发事件应急能力。

(4) 机电维修工:45周岁以下,高中(技校或职高)及以上学历,持有电工资格证,有3年以上电工工作经验;对弱电、强电能够进行处理;对机电设备操作熟练,对电器设备能够进行保养、维护、检修;熟悉压缩机的维修、保养知识,能熟练掌握加气站各类设备的性能、使用及操作方法,并懂得其保养和维修方法,且取得相关上岗资格证书,身体健康。

(5) 财务人员:45周岁以下,中专及以上学历,持会计人员上岗证,一年以上相关工作经历,能熟练操作电脑,具有良好的独立工作能力和服务意识,身体健康。

(6) 加气员:40周岁以下,应具备高中(技校或职高)及以上学历,诚实、勤奋、守纪律,有良好的顾客服务意识、安全意识和语言表达能力,身体健康。

(7) 当班班长从加气员中产生,也可由压缩机操作工兼任。其他岗位的任职资格参照加气员岗位做相应增减。

4.岗位职责

(1) 加气站经理

① 根据国家法律法规和相关标准,严格按照公司管理规章制度,对加气站安全生产进行日常管理。

② 负责组织和领导加气站各项经营、管理和服务工作。

③ 负责分解落实各项经营、管理指标，负责费用管理，数、质量管理，完成公司下达的各项指标。

④ 负责加气站安全管理工作。制定防火预案，开展安全教育、完善安全设施、落实安全措施、实现安全生产。

⑤ 熟悉加气站经营管理环节和生产操作程序，合理调配人力，并对各岗位工作进行考核。

⑥ 负责现场管理，定时或不定时对加气站进行全面巡检，若遇特殊情况离站，须指定专人代行其职责。

⑦ 落实"谁上岗，谁负责"的安全责任，划分安全责任区域，确保安全生产，平稳运营。

⑧ 负责站内设备设施管理，组织人员对一般设备保养、维护，使其处于良好状态，做好记录存档；特种设备存在设备问题的及时向上报主管部门申请维修。

⑨ 在生产运行中遇到突发性问题，应在职能范围内妥善处理，同时向上级主管部门汇报，并作好相关记录。

⑩ 完成领导交办的其他工作。

(2) 当班班长

① 负责组织本班各项经营、管理和服务工作。

② 负责当班期间加气站安全运营，完成本班销售目标。

③ 组织员工做好现场服务工作。

④ 负责当班员工考勤和考核工作。

⑤ 负责当班交接班工作。

⑥ 掌握便利店商品分布情况、促销内容及商品有关知识，准确解答顾客的各种询问。

⑦ 协助站经理处理顾客投诉工作。

⑧ 在站经理授权后，代行站经理职责。

⑨ 完成站经理交办的其他工作。

(3) 加气员

① 严格遵守公司和加气站规章制度,做好加气服务工作。

② 负责车用气瓶检查工作(扫描电子标签),严格执行加气操作规程。

③ 按照加气操作服务规范的要求主动、热情、规范地为顾客提供加气服务。

④ 积极主动介绍公司相关营销政策。

⑤ 负责工作范围内安全监督工作,发现不安全因素及时阻止和汇报。

⑥ 熟悉站内消防器材的位置、性能,并熟练使用。

⑦ 熟悉站内应急预案,能熟练完成预案中相应的角色任务。

⑧ 负责工作范围内的卫生,保持环境整洁。

⑨ 负责工作范围内设备的维护、保养和清洁。

⑩ 协助值班经理做好交接班工作。

⑪ 完成值班经理交办的其他工作。

(4) 设备管理岗位(兼安全检查员)

① 熟悉加气站各设备操作规程。严格按照操作规程监督其他岗位人员操作。

② 编制加气站设备检维修计划,负责设备安全附件、计量器具的送检。

③ 负责设备保养、维护及监督管理工作。按照设备“三定”原则,做好日常监督检查工作,确保设备运行完好。

④ 负责对设备巡回检查,排查安全隐患,发现问题及时处理和上报。

⑤ 负责加气站特种设备技术档案管理,及时更新设备台账。

⑥ 参与加气站的设备、设施改造。

⑦ 参与加气站事故调查、处理工作。

⑧ 负责检查进站加气车辆加气瓶组的鉴定手续和车载瓶组隐患。

⑨ 完成经理交办的其他工作。

(5) 压缩机操作工及机电维修工岗位

① 根据国家法律、法规及标准,按照公司管理规章制度要求,严格做到持证上岗。

② 严格执行操作程序,按照工艺要求规范操作。

③ 掌握加气站电气安全规程和供配电设备运行操作规程,配合当地供电部门做好加气站的电气试验工作。

④ 负责计量调压装置、净化压力容器、压缩机、脱水装置、优先顺序控制盘、储气装置、冷却装置、加气机、控制室、变配电间及附属设备的监控管理,并做好日常维护保养工作。

⑤ 认真执行交接班制度,遵守劳动纪律。

⑥ 负责本岗位区域卫生工作。

⑦ 完成领导交办的其他工作。

(6) 核算员

① 熟知公司相关财务制度及相应处理程序,并严格执行,恪守财务人员职业道德。

② 负责当班营业款缴存、票证结算工作,确保资金安全,妥善保管账册、单据及印章,做到日清日结。

③ 按时填报各种报表,正确反映商品流转情况,做到账账、账实相符。

④ 负责加气站经营数据分析,在公司指导下完成单站核算。

⑤ 配合经理开展加气站经营管理信息统计汇总工作。

⑥ 负责加气站经营资料的装订、保管工作。

⑦ 完成经理交办的其他工作。

(7) 安全员

① 负责监督检查安全生产规章制度执行情况,制止影响安全的行为。

② 负责消防设备设施的日常保养工作，建立完整的设备设施档案,提报设备检修计划。

③ 协助经理做好安全应急预案演练工作。

④ 负责检查进站加气车辆的车用气瓶外观。

⑤ 负责对车用气瓶加气前、中、后安全检查并做好记录。

⑥ 负责加气车辆乘客在站外指定区域等候。

⑦ 完成经理交办的其他工作。

5.劳动定员

(1) 日均加气量小于4万方加气站定员标准参考表。

表3-1　日均加气量小于4万方加气站定员标准

序号	日均加气量(万方)	定员人数	岗位					
			经理	核算员	设备管理员(安全员)	维修工	压缩机操作工	加气班组人员
1	≤1	≤13	1	1	1	1	3	6
2	1.2	17	1	2	1	1	4	8
3	1.4	19	1	2	1	1	4	10
4	1.6	21	1	2	1	1	4	12
5	1.8	22	1	2	1	1	4	13
6	2	25	1	2	2	1	5	14
7	2.2	26	1	2	2	1	5	15
8	2.4	27	1	2	2	1	5	16
9	2.6	28	1	2	2	1	5	17
10	2.8	29	1	2	2	1	5	18
11	3	31	1	2	2	1	5	20
12	3.2	32	1	2	2	1	5	21
13	3.4	33	1	2	2	1	5	22
14	3.6	34	1	2	2	1	5	23
15	3.8	35	1	2	2	1	5	24
16	4	37	1	2	2	1	6	25

劳动定员表说明

① 对加气母站班组人员可减半配置。

② 本标准不含加气站的炊事员、清洁工及其所属的餐馆、洗车、宾馆等非主营业务岗位用工。

(2) 日均加气量超过4万方的加气站劳动定员计算公式：

$$Xq=11+0.8\times nq$$

式中：nq为日均加气量，单位为m^3(方)。

(二) 考核与评价

1.加气站考核

选择考核内容和方法、明确考核目的和对象、制订考核计划和项目、确定考核指标和时间，做到指标量化，任务明晰，科学管理。考核项目主要设经营销售、人力资源管理、现场管理、客户服务与管理、商品管理、安全管理、设备设施管理、财务管理等八大项指标。具体内容详见加气站考核明细表。

表3-2　加气站考核明细表

序号	考核项目	考核内容	项目权重	备注
一	经营销售			
1	销售指标	销售量		
2		考核利润		
3		吨气可控费用		
4		人均销售量		
二	人力资源管理			
5	人力资源管理	员工是否出现违规违纪问题		
6		是否建立员工基本档案		
7		是否建立员工考核实施细则		
8		员工请销假手续健全		
9		各岗位人员熟悉自己岗位职责和安全职责(现场抽取员工进行回答)		

续表 3-2

序号	考核项目	考核内容	项目权重	备注
三	现场管理			
10	现场管理	是否建立卫生责任制		
11		办公桌、文件柜定置管理到位，工作场所物品放置齐整		
12		保险柜、验钞机、POS 机等收银设施齐全完好		
13		场地清洁，无杂物、积水、明显油污		
14		操作规程安装位置规范，应急照明灯完好、固定		
15		维修工具使用专用箱保管、摆放位置固定		
16		锅炉房操作规程上墙，整体清洁，无积水、油污		
四	客户服务与管理			
17	员工形象	上岗员工衣冠整齐、不佩戴饰物		
18	服务态度	做到微笑服务、主动招呼、礼貌待客、来有迎声、问有答声、走有送声		
19		服务态度良好；不与顾客发生争执		
20	服务语言	对顾客是否使用首问语、使用迎送语		
21		对顾客提出的合理要求是否及时答复；对顾客提出的异议是否耐心解释		
22	规范服务	主动引导车辆；引车动作标准规范		
23		出现排队是否主动招呼排队顾客；是否做到“车到人到”		
24		是否按照要求指引车辆，是否向顾客说“请看，数码已回零”		
25		是否唱收唱付和双手找零扣；是否礼貌询问加气数量		
26	客户管理	是否按规定建立客户档案		
27		是否进行目标市场调查		
五	商品管理			
28	销售管理	《交接班记录》填写规范、数据无误、签字齐全		
29		《交接班记录》、《加气站商品销售日报表》、《加气站商品明细账》等账表记录之间数据是否衔接		
30	价格管理	加气站是否公示商品价格		
31		加气机显示价格与价格牌公布价格是否一致		

序号	考核项目	考核内容	项目权重	备注
六	安全管理			
32	安全教育	是否按规定每周进行安全教育		
33		是否对新上岗的员工进行岗前安全教育		
34		员工对本岗位主要风险及控制措施是否了解		
35		员工是否会使用站内消防器材，了解各种消防器材的基本性能		
36	安全检查	是否执行巡检制度,记录内容有无不全或虚假		
37		是否及时进行应急预案演练		
38		隐患整改是否到位,对无力整改的隐患,有无报告、有无防范措施		
39	安全作业	机动车不熄火加气		
40		闲杂人员进入站内是否及时制止		
七	设备设施管理			
41	加气设备	卸气柱阀门是否定期保养；润滑油是否按规定时间更换或排污,油路有无渗油现象		
42		是否定期对瓶组内残液排空;瓶组附件、阀门、卡件是否定期保养检查、开启灵活、无漏气		
43		加气机内卡件、接头有无异常响动、震动、漏气、渗油		
44		压力表是否定期校检;安全阀是否定期校检;铅封是否完好		
45	电气设备	配电盘是否接地,配电盘前有绝缘胶垫		
46		配电柜内线路整齐,断路器等开关符合完好标准		
47		电气线路有无损坏,营业室、配电室是否有应急灯		
48	接地装置	接头是否松动,接地电阻值是否超过规定,静电接地是否按要求每月测试		
49	消防器材	配置充足科学,摆放合理、取用方便,定期维护保养到位		
50	监控设备	监控系统工作正常,图像清晰、稳定,监控系统能够正常调取相关资料		
51	锅炉	锅炉运转正常,性能完好,无漏水、漏油等现象		

续表 3-2

序号	考核项目	考核内容	项目权重	备注
八	财务管理			
52	账册报表	是否按管理规范规定设置账表记录,账账相符		
53		统计报表、财务报表数字真实;账表登记及时,无差错或不规范涂改		
54		账、表、卡册或原始凭证是否按期分类装订、归档,装订是否规范		
55		月末是否与公司业务主管部门进行每月的商品进销存数量核对,是否如实填制《库存商品购销存核对表》		
56	资金管理	资金安全监督机制是否健全		
57		营业款缴款记录是否真实有效、签字齐全		
58		是否及时核对定期结算金额,是否按期结清应收款项		
59	发票管理	是否按规定使用或填制发票,发票缴销记录填写规范、交接班发票交接准确		
60		无虚开、多开发票现象		
检查组成员签字:		加气站签字:		

2.员工评价

员工评价的主要要素有:工作态度积极、主动,时常保持良好的状态完成工作及解决问题;工作技能掌握比较全面,熟悉工作流程和方法;工作效率高于预期,能够快速完成日常工作和领导临时指派的任务,工作目标明确、方法得当、效果良好;了解自己的任务和角色,乐于与同事合作达成目标;有独立处理不同情况的能力,有较强的分析与判断能力,通常能做出正确的判断;能够针对自身短板及所处岗位不断学习相关知识、技能。具体内容详见加气站员工能力评价表。

表3-3　加气站员工能力评价表

编号：　　　　　　　　　　　　　　　　　　　　　　评审日期：　　年　月　日

<table>
<tr><td>被考核者姓名</td><td></td><td>所在
加气站</td><td></td><td>岗位</td><td></td><td>总分</td><td></td></tr>
<tr><td colspan="3">工作评价要素</td><td>评价尺度</td><td>评价</td><td colspan="3">评价事实依据或评语</td></tr>
<tr><td colspan="3">1. 工作质量：完成工作的精确度、彻底性和可接受性</td><td>很好
好
需要改进
不满意</td><td></td><td colspan="3"></td></tr>
<tr><td colspan="3">2. 业绩效率：当月完成的工作数量、效率、效益及各类量化指标</td><td>很好
好
需要改进
不满意</td><td></td><td colspan="3"></td></tr>
<tr><td colspan="3">3. 工作知识：对自己工作职能各组成部分的理解能力及对自己工作与其他领域工作之间联系的理解能力；天然气方面技能和知识水平</td><td>很好
好
需要改进
不满意</td><td></td><td colspan="3"></td></tr>
<tr><td colspan="3">4. 可信度：员工完成任务的责任心和听从指挥的可信任程度</td><td>很好
好
需要改进
不满意</td><td></td><td colspan="3"></td></tr>
<tr><td colspan="3">5. 勤勉性：员工上班时间的准时程度、及时出勤率</td><td>很好
好
需要改进
不满意</td><td></td><td colspan="3"></td></tr>
<tr><td colspan="3">6. 独立性：完成工作时不要监督或只要很少监督的程度</td><td>很好
好
需要改进
不满意</td><td></td><td colspan="3"></td></tr>
<tr><td colspan="3">7. 团队精神：与顾客进行有效沟通的能力；能够乐于助人，很好地与他人进行合作；有积极的建议和克服困难的能力</td><td>很好
好
需要改进
不满意</td><td></td><td colspan="3"></td></tr>
<tr><td>特别事件描述</td><td colspan="7">如果被考核人在考核期内对加气站做出了特别的贡献或造成损失可以适当加、减分
事件描述：</td></tr>
</table>

（三）岗位风险及应对措施

1.加气站经理

面临的风险：

(1) 设备隐患未及时发现或发现后应对控制措施不到位、整改不及时，突发天然气泄漏，造成环境污染，引发火灾、爆炸事故，危及生命安全。

(2) 工艺生产装置失修，维护调整不当，超温、超压、超负荷运行，带病运行，导致事故发生，给加气站带来风险。

(3) 安全附件和报警装置配置不当或失灵，引发特种设备事故，造成设备损坏、人员伤害。

(4) 对员工的培训、操作监管不到位，因违规造成事故或发生顾客投诉。

(5) 劳动保护用品配备、使用不到位、安全防护措施落实不到位，造成人身伤害。

(6) 遭遇偷盗、抢劫等财物损失、人员伤害事故。

(7) 邻里关系处理不当，导致周边居民对加气站投诉增加。

应对措施：

(1) 全面负责本站内设备、设施的检查、维护和保养工作，定期组织人员加强对设备、管线阀门、仪器仪表、重点部位及消防器材、报警装置进行安全巡查和监管，使之始终处于良好状态。

(2) 落实职责，加强设备检查、保养、维护，复核设备相关运行记录。

(3) 加强安全附件巡回检查，核对选配标准及使用有效期。

(4) 按规定对员工进行教育、培训；落实走动式管理，随时对各岗位工作情况进行监督。

(5) 关心员工健康，防止硫化氢中毒、高温中暑，加强劳动保护用

品的配发和使用。

(6) 加强内部管理和员工安全教育,提高防范意识,督导员工做好巡查工作,定期组织开展应急预案的学习、演练。

(7) 加强宣传沟通,建立良好的邻里关系。

2.当班班长

面临的风险:

(1) 设备故障引发事故。

(2) 加气站生产过程中出现天然气泄漏,造成火灾、爆炸事故。

(3) 站内交通事故。

(4) 遭遇偷盗、抢劫等财物损失、人身伤害事故。

(5) 油气中毒、高温中暑。

(6) 突发性自然灾害引发事故。

应对措施:

(1) 加强巡检,及时发现并控制不符合项,防止安全隐患引发事故。

(2) 加强设备和工艺管线的巡查,对发现的问题及时处理,防止天然气泄漏等事故的发生。

(3) 加强现场安全管理,控制现场影响安全的因素。

(4) 按时组织应急预案演练,预防安全事故发生。

(5) 采取必要的防护措施,做好防暑降温工作。

(6) 认真做好日常巡查,加强应急预案演练,最大限度减少事故损失。

3.加气员

面临的风险:

(1) 加气过程中发生天然气泄漏,造成火灾、爆炸事故。

(2) 加气车辆在加气过程中发生自燃。

(3) 服务不规范,引发客户投诉。

(4) 遭遇偷盗、抢劫等财物损失、人身伤害事故。

(5) 油气中毒、高温中暑。

(6) 在加气现场被车辆撞击的事故。

应对措施:

(1) 定期做好加气设备的巡查、维护保养工作。

(2) 认真执行气瓶加气前检查工作,规范操作。

(3) 严格执行加气"十步"曲,规范现场服务。

(4) 参加各种预案演练,掌握相应防范措施。

(5) 采取必要的防护措施,做好防暑降温工作,防止油气中毒,高温中暑等意外事故。

(6) 加强现场加气车辆引导,提高员工风险防范意识。

4.收银员

面临的风险:

(1) 丢失发票、现金,收取假币等。

(2) 遭遇偷盗、抢劫等财物损失、人身伤害。

(3) 服务不规范,引发客户投诉。

(4) 油气中毒、高温中暑。

控制措施:

(1) 合理保管发票和现金,现金及时投入保险柜,严格执行财务规章制度。

(2) 参加各种预案演练,掌握相应防范措施。

(3) 严格执行收银"六步"曲,规范收银操作。

(4) 采取必要的防护措施,做好防暑降温工作,防止油气中毒,高温中暑等意外事故。

5.设备管理岗位(兼安全检查员)

面临的风险:

(1) 设备隐患未及时发现或发现后应对控制措施不到位、整改不及时,发生天然气泄漏,造成环境污染,引发火灾、爆炸事故,危及生命安全。

(2) 工艺生产装置失修,维护调整不当,超温、超压、超负荷运行,带病运行,引发事故。

(3) 安全附件和报警装置配置不当或失灵,引发特种设备事故,造成设备损坏、人员伤害。

(4) 对员工的培训、操作监管不到位,因违规造成事故或发生顾客投诉。

(5) 劳动保护用品配备、使用不到位,安全防护措施落实不到位,造成人身伤害。

(6) 加气车辆车载加气瓶组不合规造成的安全隐患。

应对措施:

(1) 加强设备、设施的检查、维护和保养工作,定期组织人员对设备、管线阀门、安全附件、仪器仪表、重点部位及消防器材、报警装置进行安全巡查和监管,保持良好状态。

(2) 严格执行设备"三定"管理制度,加强设备的维护和保养。

(3) 严格执行国家特种设备管理制度,确保加气站在用安全附件、报警装置配置齐全完好,并做好设备的维修保养记录。

(4) 按规定对员工进行教育、培训;落实走动式管理,随时对各岗位工作情况进行监督。

(5) 严格落实劳动防护用品配发使用规定,防止硫化氢中毒、高温中暑。

6.压缩机操作工及机电维修工岗位

面临的风险：

(1) 违反操作规程操作，导致设备超温、超压，造成火灾、爆炸，人员伤害。

(2) 未盘车开机造成机械损失事故。

(3) 误操作压缩机、脱水装置等设备，造成人员烫伤。

(4) 高低压配电室未按操作规程操作，导致人员触电、灼伤。

(5) 母站拖车加气时天然气泄漏遇火源引发火灾爆炸。

(6) 母站拖车加气时没有进行静电接地或静电没有完全释放，造成静电放电遇泄漏气体引发火灾爆炸。

(7) 卸气车辆引导有误，没有放置三角木或放置不到位，产生溜车，造成车辆碰撞加气柱，损坏气阀，大量天然气泄漏。

应对措施：

(1) 确认所有阀门处于正确的状态。

(2) 盘车，确认传动机构正常。

(3) 严格按照压缩机、脱水装置操作规程操作，防止人员受伤。

(4) 严格按照高低压配电室操作规程操作，防止人员触电、灼伤。

(5) 接气过程中若发生泄漏，应立即关闭加气柱上的总阀门，并缓慢打开加气柱排空阀进行放空泄压，取下快速接头，找出泄漏原因，并采取相应措施。

(6) 确认卸气柱、拖车截断阀已关闭，气相软管、接地装置完好，并接好接地线，接地夹接在卸气口1.5 m以外的专用接地板上。挂牢拖车后门风钩。摆好消防器材。

(7) 引导拖车到指定位置后用手闸制动，并熄灭引擎，车轮应用三角木加固。

7.核算员

面临的风险：

(1) 站内各类安全事故。

(2) 遭遇偷盗、抢劫等财物损失、人身伤害。

(3) 各类营业记录、票据有误、营业款不符，造成加气站经济损失。

(4) 服务不到位，引发客户投诉。

应对措施：

(1) 参加各种预案演练，掌握应对处置措施。

(2) 妥善保管财物，防范现金管理中出现偷盗、抢劫事故。

(3) 熟练掌握站内业务流程，认真记录、核对各类数据。

(4) 规范服务，避免顾客投诉。

(四) 员工培训的主要内容

1.天然气基本知识

(1) 天然气一般分为四种：从气田开采出来的气田气或称纯天然气；伴随石油一起开采出来的石油气，也称石油伴生气；含石油冷藏轻质馏分的凝析气田气；从井下煤层抽出的煤矿矿井气。

(2) 纯天然气的组分以甲烷为主，还含有少量的二氧化碳、硫化氢、氮和微量的氦、氖、氩等气体。重庆、四川等地天然气中甲烷含量一般不少于90%，发热值约为34.3~36 MJ/m^3。我国大港地区的天然气为石油伴生气，甲烷含量约为80%，乙烷、丙烷和丁烷含量约为15%，发热值约为41.9 MJ/m^3。凝析气田气除含有大量甲烷外，还含有2%~5%戊烷及戊烷以上的碳氢化合物。矿井气的主要可燃组分是甲烷，其含量随采气方式而变化，如我国山西晋城采用地面抽采煤层气，其抽采的煤层气甲烷含量可以达到95%左右。

(3) 天然气混合物的密度：一般为0.7~0.75 kg/m³，空气密度为1.293 kg/m³,在常压下天然气的密度比空气小,因此管道泄漏出来的天然气有向上的上升力,在室内的天然气会积聚在房间顶部。

(4) 天然气的临界温度和临界压力:对某种气体,在未超过某一温度时,在一定压力下可以变为液体,如高于这一温度,在任何压力下也不会液化,此时的温度称为该气体的临界温度。在临界温度下使该气体液化所必需的压力称为该气体的临界压力。显然气体的临界温度越高,该气体越易液化。甲烷的临界温度为-82.57 ℃、临界压力为4.64 MPa;而乙烷的临界温度为-32.27 ℃、临界压力为4.88 MPa;丙烷的临界温度则达到-96.67 ℃、临界压力5.33 MPa,说明天然气较难液化。压缩天然气(CNG)虽然压力很高,但由于温度远高于甲烷的临界温度,因此,天然气仍为气态。天然气的沸点为-161.49 ℃,因此液化天然气的温度要达到-162 ℃。

(5) 天然气的压缩因子:当气体压力大于1.0 MPa时,需考虑气体分子本身占有的容积和分子之间的引力,以压缩因子考虑实际气体与理想气体的差别。当天然气压力达到20 MPa时,其压缩因子约为0.8,也就是在常压下100 m³的天然气加压到20 MPa时，其实际体积约为(100/201)×0.8 m³=0.398 m³。车用气瓶就是充分利用了天然气的可压缩性,以高压、小体积达到较大的储气量。

(6) 石油工业所称的天然气主要指在地层中有机质热演化各个阶段生成的气态烃和非烃气体所组成的混合气,其特点是无色、无味、可燃。

(7) 压缩天然气主要成分为甲烷,是天然气加压并以气态储存的燃料,英文为Compressed Natural Gas,缩写CNG。

(8) 天然气的临界温度为-82.5 ℃,高于此温度条件下,无论多高压力都不会液化,故为了在单位体积的容器内储存更多的气体,需要进行压缩,当前车用储气罐的设计工作压力一般都为20 MPa。它具有抗暴震性很好，燃烧稳定，含碳量低，燃烧完全，污染少等优点。

(9) 天然气燃点在650 ℃以上，远高于汽油燃点，所以与汽油相比不易点燃，且密度低，在空气中很容易扩散，相对安全性好。

2.安全防爆知识

(1)《安全生产法》的安全生产方针为："安全第一、预防为主、综合治理"。

(2) 国家消防工作的方针是：预防为主，防消结合。

(3) 事故的四不放过为：原因不清不放过；没有接受教训不放过；没有预防措施不放过；事故责任人未受处理不放过。

(4) 燃烧具备三个条件：①可燃物；②助燃物；③点火源。

(5) 保护接零：用电设备金属外壳与保护零线连接的方式称为保护接零。

(6) 在生产过程中凡是超出有效范围内的燃烧都称为火灾。

(7) 电器设备上标有EX：代表防爆型。

(8) 可燃气体或蒸气与空气的混合物遇着火源能够发生爆炸燃烧的浓度范围称爆炸浓度极限。

(9) 电器火灾的主要原因有：①短路；②超负荷；③接触电阻过大；④电火花和电弧；⑤照明灯具和电热器接触可燃物。

(10) 电火花电弧的产生条件：绝缘导线发生漏电时；导线断裂或绝缘破损，造成短路或接地时；导线连接松动，在松动处产生；各种开关在接通或切断电路时；保险丝熔断或带电检修电器设备时。

(11) 物体之间相互摩擦或感应而产生静电。

(12) 保护接地：用电设备金属外壳与接地体连接的方式称为保护接地。

(13) 火灾报警的内容为：着火单位名称、详细地址；着火部位、着火物质、火情大小；报警人员姓名、报警电话号码；到门口迎接消防车。

(14) 保护接地、保护接零的作用为：当电器设备发生故障时，通过接地和接零回路迫使线路上的保护装置迅速动作而切除故障，防止间接触电事故发生。

3.加气站安全基础知识

(1) 安全管理的目标：取得全体人员对安全和健康行动的支持；宣传、教育、培训使人员能够认识并纠正危害；通过设计风险评估达到危害的控制；安全检查获得效果的反馈。

(2) 加气站产生静电的主要方式：天然气卸气操作；加气操作；天然气压缩过程；人体穿化纤衣物摩擦起电；打手机感应起电。

(3) 加气站站用储气瓶的最高工作压力为25 MPa，车用储气瓶最高工作压力为20 MPa。

(4) CNG运输管束为三类移动式压力容器，站内空气储罐为一类压力容器。

(5) 压力容器运行期间的日常检查包括：

① 工艺条件方面：检查操作压力、操作温度是否在安全操作规程内。

② 设备状况方面：检查各连接部位有无泄露、渗漏现象；容器有无塑性变形、腐蚀及其他缺陷和可疑迹象；容器及其连接管道有无震动、磨损现象。

③ 安全装置方面：检查安全泄压装置及相关仪表是否完好。

(6) 拖车卸气过程中接地的必要性：静电接地是指将设备设施通过导线、接地体与大地连成阻值较小的通路，以使电荷导入大地，由于天然气是绝缘体，在运输过程中带电后不能靠容器迅速的导走天然气的电荷，通过给容器接地能加快天然气电荷的泄露，同时使容器本身及相关金属设备与大地之间构成良好的通路，消除了容器外表面电荷产生火花放电的可能性。

(7) 加气员安全操作的基本要求：穿防静电的工装；防火区内严禁吸烟、打手机，禁止使用铁器作业；认真执行操作规程，不违章作业，发现违章应立即制止。

(8) CNG汽车加气前的检查程序：

① 检查改装车辆铭牌，以确信适合于加CNG。

② 检查压力表确信未充满。

③ 检查加气嘴、型号是否清洁、对口。

④ 肉眼检查或声音判断汽车引擎盖内高压管路有无泄露状况。

4.加气站管理与操作知识

(1) 加气站管理、安全环保、工艺流程、行业规范等规章制度。

(2) 加气操作技能，特种设备操作、维护、保养知识，客户与服务，安全及消防。

(3) 主要设备原理及常见故障排除，压缩天然气商品和车辆基本知识等。

(4) 加气站应急预案演练。

5.企业文化

企业文化是一个企业在长期生产经营中倡导、积累并经过筛选提炼而成，是企业的灵魂和潜在的生产力，是打造企业核心竞争力的战略举措。企业文化的宣贯是员工培训的重要内容之一。

四 进销存业务

（一） 部门职责

1.经营销售部门

(1) 负责加气站年度天然气进销存计划的编制。

(2) 负责与供气单位签订购销合同。

(3) 负责天然气采购计划的实施。

(4) 负责与供气单位进行月度购进量的签认。

(5) 负责建立天然气《商品明细账》。

(6) 负责与机构用户签订《天然气销售合同》并建立机构用户天然气销售台账。

(7) 负责月底与财务资产部门和加气站核对销售量并进行进销存账务处理。

(8) 负责天然气配送管理工作。

2.财务资产部门

(1) 负责做好天然气的购、销、存会计核算工作。

(2) 负责稽核库存商品盘点表，核实盘盈盘亏数量和金额。

(3) 根据加气站数、质量管理实际，负责按月核算损益进行账务处理。

(4) 负责按现行的《原油、天然气和稳定轻烃销售交接计量管理规定》核销管输损耗，并进行相关账务处理。

(5) 负责核对加气站销售天然气资金到账情况,并对销售货款进行监督管理。

(6) 负责月底与经营销售部门和加气站核对销售量,并进行天然气进销存账务处理。

3.加气站管理部门

(1) 负责监督检查加气站日常进销存业务。

(2) 负责对加气站进行现场管理,落实规范,不断促进加气站现场管理水平的提升。

(3) 负责加气站经理及计量员的日常管理和岗位职责的落实。

(4) 负责加气站规范操作的落实和监督检查。

(5) 协助储运安全部门对加气站非正常损耗进行责任追究。

4.设备储运安全部门

(1) 负责公司日常天然气进销存数、质量管理工作。

(2) 负责对所属加气站计量人员的管理和岗位职责的落实。

(3) 负责审核加气站《库存商品盘点表》,核实库存商品盘点中的实物计量数据和计量计算结果。

(4) 负责核对当月加气站实物损耗数量,对损耗原因进行分析。

(5) 负责对加气站非正常的商品损耗进行管理。

(6) 负责加气母站和加气站设备维护保养时由于卸压放散造成损耗气量的核实确认,并确定各操作环节卸压放散气体数量标准。

(7) 负责自用天然气数量的审核管理。

(8) 负责协调技术监督部门做好加气机强制检定工作,确保各站的压力表、温度表等安全附件均在国家规定的检定周期内。

(9) 负责加气站设备维护管理。

(10) 负责加气站备品备件的供应商确定,按期及时采购设备维护保养所需的备品备件。

5.加气站

(1) 负责与供气单位进行天然气计量交接。

(2) 负责编制《加气站日报表》、《加气站月报表》、《加气站月度盘点表》,建立加气站的《商品明细账》和《计量保管账》。

(3) 负责天然气充装工作,根据加气站的需求计划,及时向相关部门上报并协调解决业务运营中出现的各类问题。

(4) 负责填写《加气站天然气验收计量入库单》。

(5) 负责加气站设备维修保养,认真填写《加气站设备检修、抢修工作确认单》。

(6) 负责加气站设备维修过程中卸压损耗的确认。

(二) 天然气购销业务

1.天然气购进质量、计量要求

(1) 天然气质量标准：天然气质量符合中华人民共和国标准GB17820—1999《天然气》中所规定的Ⅱ类天然气标准。

(2) 天然气计量交接采用国家认可的计量设备作为计量仪表。

(3) 天然气交接以体积状态计算,单位为m^3,天然气体积计量的标准状态是：温度为T_0=20 ℃=293.15 K，绝对压力P_0=101.325 KPa=0.101325 MPa(1个标准大气压),单位为 MPa。

(4) 储气设备内气体在标准状况下体积的换算公式：

$$\frac{P_1V_1}{T_1}=\frac{P_0V_0}{T_0}\Longrightarrow V_0=\frac{P_1V_1\mathrm{T}_0}{\mathrm{P}_0T_1}$$

其中:P_1为储气设备内气体的压力,单位为MPa;

V_1为储气设备的水容积,单位为m^3;

T_1为储气设备内气体的温度,单位为K;

P_0为标准状态下气体的压力(为固定值,P_0=101.325 kPa=0.101325 MPa),单位为MPa;

T_0为标准状态下气体的温度（为固定值，T_0=20 ℃=293.15 K），单位为K；

V_0为所求值，单位为m^3。

2.加气站进货申报

(1) 加气站当班班长通过电话形式向母站调度员申请配送车辆，加气站上报配送需求分为预报和正式申报；

(2) 母站落实现场车辆充装情况：加气母站接到加气站预报电话后，做好电话记录，认真登记《加气站进货申请登记簿》，及时对现场空车进行充装，如现场无空车时，将加气站预报情况反馈到天然气配送部门调度人员，由配送部门现场调度人员协调在途车辆及时返回；

(3) 正式申报：各加气站根据现场车辆情况、拖车瓶组压力及库存气量向加气母站电话正式申报进气需求，并及时填写电话申请记录；

(4) 各加气子站根据运距及库存情况合理安排申报时间。

3.天然气调拨配送

(1) 下达配送通知单并出库配送。加气母站接到加气站正式申报电话后，做好电话记录，根据《加气母站拖车瓶组充装记录》向天然气配送部门书面下达《加气站天然气配送通知单》，由天然气配送部门调度与加气母站双方共同签字确认。

(2) 配送监控。各加气站接到出车电话后，根据现场加气车辆情况调整加气机数量和现场加气速度，做好车辆接卸的前期准备工作。

(3) 拖车瓶组更换。配送车辆到加气站后，各加气站及时做好拖车瓶组的更换工作。

(4) 拖车返回。拖车瓶组更换结束离站，拖车返回母站后，加气母站当班人员读取返回拖车的压力和温度，电话通知加气站，并填写《加气站天然气验收计量入库单》的相关数据。

4.天然气内部调拨数量的计算

(1) 加气母站计量员开具《天然气商品调拨单》,单位为配送加气站名称,计量单号为上次返空加气站验收入库单号,返空数量为复核后的上次返空数量,充装数量为《加气母站拖车瓶组充装记录》中该车实际充装量,调拨量=回空量+充装量,同时填写车号和车挂号。

(2) 单据留存:《天然气商品调拨单》一式五联:第一联:提气单位,第二联:经营销售部门,第三联:加气母站,第四联:承运人,第五联:出门证。

5.加气子站入库验收

拖车瓶组到达加气子站后,加气子站账务员和承运人共同完成气品的计量验收工作。计量保管员依据《天然气商品调拨单》(内部)核对车号、数量及购进单位,然后测量拖车瓶组的温度、压力参数,计算气品实际体积和损耗情况。在规定的损耗范围内,可直接验收;超耗部分应立即报告加气子站经理, 由加气子站经理或指定人员复核验收,做好相关记录,加气子站经理和承运人在记录上共同签字确认。如运输途中发生天然气泄漏事故,除按相关事故规定进行处理外,依据《气料商品调拨单》(内部)由购气单位开具销售发票,天然气承运者负责全额赔偿。

购进气品计量验收由加气子站账务员填写《加气站天然气计量验收入库单》,该单据一式五联,第一联加气子站留存,登记《加气站天然气计量保管账》;第二联由账务员附汇总编制的《加气站进货明细月报表》后报财务资产部门核对调拨量;第三、四、五联交承运人,其中第三联由承运人返回加气母站核对母站调拨数量,第四联由承运人及时返还营运销售部门,用于《气品购销存台账》数据核对,第五联承运人留存。

6.零售业务的交接班

(1) 加气母站的零售交接

每班终了交接班双方人员分加气柱核对充装数量,核对无误后由班长填制《加气母站班长交接班记录》,双方签字确认,并复核《加气母站拖车瓶组充装记录》加气柱合计数,交接班人员共同签字,另起一页进行下一班次的充装工作,填制《加气母站出入库日报表》。加气母站核算员每日复核气料商品调拨单(内、外部)和配送指令的信息是否一致。

(2) 加气子站的零售交接

交接班双方人员分加气枪抄录加气机数码,核对无误后交接班班长在《加气站交接班记录》上签字确认,在《加气机充装记录》上签字。加气子站收银员根据加气机累计数码确定当班销售数量,并根据《加气站交接班记录》认真填写《加气站销售日报表》,复核《加气站交接班记录》,经加气子站经理、账务员审核无误后进行交班,同时将当日购销存数据上报经营销售部门,如发现问题随时处理。每五日上报《加气站销售日报表》,报财务资产部门、经营销售部门。

7.加气站计量保管账的填写

(1) 停止加气作业后,将加气枪从加气车辆的气瓶中拔出,停止压缩机作业;分别抄写固定瓶组和移动瓶组的压力和温度,同时抄写加气机泵码数;

(2) 计算加气机发出数量,根据加气机起止泵码,计算加气机实际发出数量;

(3) 计算移动瓶组实际入库量:以加气母站读取的返空拖车瓶组压力和温度为依据,根据标准状况下体积的换算公式,计算移动瓶组返空时储存气体体积(单位:m^3),实际入库量=调拨量-返空量;

(4) 计算储气设备气体体积变化量,根据储气设备内气体在标准状况下体积的换算公式，计算储气设备实际储存气体体积(单位：m^3)；

(5) 根据以上计算数据认真填写《加气站计量保管账》，计算移动瓶组发气实际损益数量；

(6) 加气站根据《加气站设备检修、抢修工作确认单》，与当日营业计量销售损益进行对比分析，出现非正常损耗，加气站计量员立即上报加气站经理进行损耗分析。

8.加气母站天然气外部销售

(1) 外部销售客户资质审核：外部销售客户必须提供《天然气经营许可证书》、《营业执照》、《税务登记证》、《组织机构代码证》、《拖车瓶组检定合格证》、《压力容器使用登记证》等相关证照复印件，由经营销售部门审核合格备案后，向加气母站下达《天然气外部销售通知单》，方可进行外部销售。

(2) 天然气销售合同的签订：经审查合格后与天然气用户签订《天然气销售合同》。

(3) 充装计量：加气母站接到经营销售部门下达的《外部充装销售指令》和财务资产部门《资金到账通知单》后，依据《外部充装销售指令》数量进行充装，实际充装数量不得大于《外部充装销售指令》的申报数量，充装结束后认真填写《加气母站拖车瓶组充装记录》，并由当班操作员、班长进行签字确认。

(4) 编制销售报表：加气母站核算员每日逐车核对《加气母站拖车瓶组充装记录》与监控平台充装数量明细，审核无误后填写《加气母站天然气出入库日报表》。

(三) 天然气库存业务

1.加气母站库存

根据《加气母站出入库日报表》站存数量以及结账当日母站调出、

子站未入库的数量(如在途等),核算当月的库存气量。提供当月的销售、调拨、损耗、自用气数据,由母站经理审核签字,与经营销售部门、财务资产部门兑账。

2.加气子站库存

加气子站每车次拖车瓶组入库后账务员必须进行验收入库,计算气品实际体积和损耗,每日根据《加气站销售日报表》上报当日库存结构。做好《加气站计量保管台账》和《加气站商品明细表》的登统,月末与财务资产部门核对,与经营销售部门核对当月购进、销售、库存、损益。

拖车或固定瓶组内气体在标准状况下体积的换算公式:

$$\frac{P_1V_1}{T_1}=\frac{P_0V_0}{T_0}\Longrightarrow V_0=\frac{P_1V_1T_0}{P_0T_1}$$

其中:P_1为瓶组内气体的压力,单位为MPa;

V_1为瓶组的水容积(拖车为18 m^3,固定瓶组为2.76 m^3),单位为m^3;

T_1为瓶组内气体的温度,单位为K;

P_0为标准状态下气体的压力(为固定值,P_0=101.325 KPa=0.101325 MPa),单位为MPa;

T_0为标准状态下气体的温度(为固定值,T_0=20 ℃=293.15 K),单位为K;

V_0为所求值,单位为m^3。

加气子站月末进行自行盘点,加气子站库存商品盘点工作的方法采取“永续盘存制”和“实地盘存制”相结合的盘点方法。由加气站经理、记账员、计量保管员共同盘点,做好相关记录。加气站记账员将所记录的《加气站商品明细账》与财务资产部门、经营销售部门对账,做到账账相符;与计量保管员核对实物盘点损益数量。填制库存商品盘点表，由各盘点人签字，上报财务资产部门、经营销售部门。

经营销售部门每五日依据加气子站返回的《加气站天然气计量验收入库单》分车次、数量与《商品明细账》核对，并加注说明。月末汇总本月的进货、销售、自用气、损益，账面库存与财务资产部门核对，实际库存按加气子站汇总数据填制。

(四) 加气站计量保管台账

1.加气母站计量保管台账填写

(1) 依据当日与上游供气单位的计量交接量，计入当日购进。

(2) 分别与加气子站核对调拨入库量，合计后作为当日出库量。

(3) 当日8:00时的实际站存和加气子站未入库的在途数量合计，作为当日实际库存。

2.加气子站计量保管台账填写

(1) 当在站拖车瓶组在规定返回压力时，停止加气作业，必须将加气枪从加气车辆的气瓶中拔出，然后抄写加气机泵码数；

(2) 停止压缩机作业，抄写在站拖车瓶组压力和温度，抄写固定瓶组压力和温度；

(3) 计算加气机发出数量，根据加气机起止泵码，计算加气机实际发出数量；

(4) 计算拖车瓶组实际卸气量；根据拖车瓶组在标准状况下体积的换算公式，计算其返空时储存气体体积(单位：m^3)；

(5) 计算固定瓶组气体体积变化量，根据固定瓶组内气体在标准状况下体积的换算公式，计算固定瓶组实际储存气体体积(单位：m^3)；

(6) 根据以上计算数据认真填写《加气站计量保管账》，计算一个拖车瓶组发气实际损益数量；

(7) 加气站以每日早第一个拖车瓶组发气结束时到次日第一个

拖车瓶组发气结束为一日营业计量周期，对当天营业计量数据进行日合计，计算当天的销售盈亏数量。

(8) 根据《加气站设备检修、抢修工作确认单》，与当日营业计量销售损益进行对比分析，出现非正常盈亏，加气站计量员立即上报加气站经理进行盈亏分析。

(五) 加气母子站月末盘点流程及账务处理

1.加气母站盘点流程

暂停充装作业，抄写站存拖车瓶组压力和温度，根据《加气母站拖车瓶组充装记录》，核对存放在母站的拖车瓶组充装数量，填写《加气母站库存天然气计量保管账》。

2.加气子站盘点流程

暂停加气操作，抄写加气机发出量数码、固定瓶组压力和温度、拖车瓶组压力和温度，计算瓶组存气量，填写《加气站库存天然气计量账》。

3.其他要求

(1) 加气母子站的《商品明细表》、《计量保管账》、《月度商(物)流盘点表》均以m^3为单位进行记账。

(2) 加气母子站核算员必须将《加气母子站商品明细账》与经营销售部门、财务资产部门及加气母站与加气子站之间进行对账，在账账相符，账实相符的前提下每月进行盘点，月底必须按时报经营销售部门、财务资产部门、设备储运安全环保部门需要的各种报表。

(3) 加气母子站核算员填写《加气站库存商品盘点明细表》，计量员填写《加气站月末库存商品实物盘点表》，同时将月底商流盘点与物流盘点结果进行对比，出现不一致时，加气母子站总账员负责及时与经营销售部门、财务资产部门对账，查明原因在盘点表中注明。

(4) 加气母子站月度盘点结束上报商流、物流盘点表时，同时向设备储运安全环保部门上报书面盈亏分析报告。

(5) 财务资产部门负责每月核销各加气母子站的合理损耗，并会同经营销售部门对加气母子站购进销售数量进行审核后，提取加气母子站当月定额损耗，填制《气品损耗(溢余)处理凭证》汇总表，并按月核销。

4.设备维修卸压损耗确认

(1) 由维修人员对加气母子站加气柱、干燥撬、压缩机、固定瓶组、卸气柱、加气机等各类设备管线、阀门、压力表等维修卸压损耗进行确认，填写《加气母子站设备维修卸压损耗确认表》。

(2) 设备规定维修周期及卸压损耗标准。

五 制度规范

(一) 压力容器使用和管理制度

1. CNG加气站使用的压力容器必须是国家质量技术监督局及锅炉、压力容器管理部门批准的制造单位生产的,进口的压力容器各项技术指标应符合我国安全监察规程制定的标准获取的技术监督部门的同意方可使用。

2. 使用压力容器的CNG加气站必须制定符合国家质量技术监督局对压力容器管理标准的管理手册及维护、保养、检修的技术规范。

3. 对CNG加气站使用的压力容器要按国家质量技术监督局制定的《产品质量法》、《锅炉、压力容器安全监察暂行条例》的规定建立完整的设备技术档案。

4. 根据《安全技术监察规程》的要求对所使用的压力容器及附件进行定期检验,并在取得合格的检验报告后再进行使用,并及时清除隐患、防止意外事故发生。

5. 对报废的压力容器应进行破坏性处理,不得异地重新安装和使用。压力容器如存在缺陷及隐患应限期整改和治理,对危及安全的压力容器应立即停止使用。

6. 压力容器所使用的附件及配件应符合国家质量技术监督局制定的《压力容器安全监察规程》所规定的安全使用规范和标准。

7. 压力容器的操作或维修人员需进行相关的安全技术培训后持证上岗。

(二) 加气站生产及操作管理制度

1.加压区管理制度

(1) 严格执行压缩机的工艺操作指标。

压力:低压1.2 MPa~高压25 MPa 温度:-25 ℃~70 ℃

(2) 严格按照操作规程操作。

(3) 每日按时、按路线进行巡视检查。不准穿带钉子鞋及用铁器敲击设备。

(4) 加压区内严禁动火。

(5) 定期进行放散阀、安全阀的校验,要保证压力附件灵敏可靠,发现不正常现象及时处理。

(6) 运行中有下列情况之一时,应立即停止运行:

① 压力超过工作允许压力,虽采取降压措施,仍然不能下降时;

② 安全阀失灵时;

③ 设备、管道发生裂纹、鼓包、焊缝泄漏时;

④ 压力表失灵,不能确定压力时;

⑤ 发生火灾直接威胁到设备时;

⑥ 按操作规程规定应该立即停止运行的事项。

2.手持电动工具管理制度

(1) 专人负责保管、定期检修和完善借用手续。

(2) 凡借用、使用手持电动工具时,必须连同借用、使用绝缘工具、漏电保安器。

(3) 凡借用者必须经公司加油(气)站管理部审批同意后方可。

(4) 定期对工具绝缘的性能进行检测并做好记录。

(5) 每次使用前必须经过外观和电气检查,使绝缘强度经常保持在合格状态。

(6) 手持式电动工具的开关、引线、插头、外壳的保护接地、接零必须完好。如有绝缘损坏、保护接地或接零线脱落,以及工具、电线的机械损伤等,应停止使用。

(7) 应使用多芯的橡胶绝缘软线，其中一芯专供保护接地或接零,导线两端必须牢固,包头不得过多。

(8) 应在干燥、无腐蚀性气体、无导电灰尘的场所或无爆炸危险的场所使用。雨、雪天气不得露天工作。

(9) 必须遵守各种手持电动工具的专业安全规定,并使用专用的安全用具。

3.电动阀门操作制度

(1) 安装的电机要防爆。电动阀门启动前,应将手动电动切换开关由手动位置切换到电动位置。

(2) 长期很少启动的阀门,启动前应先检查电动机及电气线路是否完好,启动后要检查阀门是否灵活。

(3) 电动阀门的限位开关、阀门及零部件必须齐全、灵活好用,材质应符合实际要求。

(4) 电动阀门(球阀)只准全开全关,不准半开半关,更不准调压。

4.电工操作制度

(1) 电工应熟悉电气安全操作知识,经考核合格持有操作证方能独立操作,新员工要有师傅带领,要做到装的安全、拆的干净、抢修及时。

(2) 一般情况下,不准带电工作,如确需带电操作,须经有关主管部门同意,做好安全措施后方可施工。

(3) 安装或检修电气设备时,应先切断电源拆下保险。挂上“有人工作”,“不准合闸”的警告牌,并验明确定无电方能操作。

(4) 凡雪、雨天、大风天(六级以上)一律不准登杆工作。登杆必须检查登高工具是否完好，扣好安全带，随身携带吊绳，工件与工具不准抛掷，必须用绳吊，杆下接应人员应戴安全帽。

(5) 凡动火(如使用喷灯、电气焊)必须遵守相应的安全操作规程，办理好动火手续才能施工。

(6) 移动电器(如电钻、过桥线、风扇、手砂轮)应定期检修，使用前必须检查是否符合安全要求。如电压是220 V的必须带好橡皮手套或安全垫板。

(7) 使用电烙铁要远离易燃物，不准将烙铁搁在易燃物上，不用时应随手拔去插头。

(8) 对于绝缘劳动保护，一律定期进行安全检测(其中包括绝缘靴、手套)，对于测试仪器，要专人保管，定期检查。

(三) 充装质量保证制度

1. 加气站要严格执行生产运行制度，随时掌握天然气流量、压力、温度及设备运行的情况，按时填写生产运行及记录表，做到各种记录数据准确齐全。

2. 认真执行巡回检查制度，按时记录，发现问题及时报告、及时处理，杜绝事故的发生。

3. 设备、仪表的维护保养工作，要严格执行操作规程及工艺指标，保证安全平稳充装压缩天然气，严禁超压充气。

4. 站内工艺、设备、仪表的排污工作应及时进行。

5. 按时检测报警及可燃气体报警仪。

6. 定期检查安全放散阀的工作情况。

7. 进站车辆进行装气前必须对气瓶进行证、卡核验及安全检查。

8. 充装人员经有关气体性质、气瓶的基本知识、潜在危险和应急处理措施等有关方面的培训、考核合格后持证上岗。

(四) 充装前气瓶检验制度

1. 加气站对外进行加气充装作业前应向质量技术监督局压力容器安全监察机构提出注册申请,经审查、确认合格,取得注册登记证后再从事加气充装工作。

2. 加气站在取得符合国家安全技术条件标准后严格执行气瓶充装有关规定,确保不错装、不超装、不混装和充装质量的可追踪检查。

3. 充装人员和充装前检查人员上岗前应进行天然气的气体性质、气瓶的基本知识、潜在危险和应急处理措施等内容的培训。

4. 气瓶充装前加气站应设专人对气瓶逐只进行充装前的检查,确认瓶内气体为天然气,并对气瓶的制造厂商名称或代号、瓶号、定期检验标准号检验是否合格做好记录。

5. 对无制造许可证单位制造的气瓶和未经安全监察机构批准认可的进口气瓶不予充装,对超期未检和改装气瓶不准充装。

6. 充装气瓶上应粘贴有符合国家标准GB16804《气瓶警示标签》的警示标签和充装标签的方准许充装。

7. 属于下列情况之一的气瓶,应先进行处理,否则严禁充装:

(1) 气瓶钢印标记、颜色标记不符合规定的;

(2) 气瓶内介质未确认的;

(3) 附件损坏、不全或不符合规定的;

(4) 瓶内无剩余压力的;

(5) 气瓶经外观检查存在明显损伤,需进一步检验的;

(6) 新气瓶的首次充装或定期检验后的气瓶进行首次充装的未经置换或抽真空处理的;

(7) 必须防止对含有助燃气体或不相容气体的气瓶错装;

(8) 气瓶充装后温度在20 ℃时,气瓶的压力不得超过气瓶的公称工作压力。

(五) 设备巡检制度

1.巡回检查要求

(1) 生产过程中，当班人员每小时按照工艺流程和技术要求,认真地对设备、管线等进行检查,若发现异常情况立即进行处理,处理不了及时报告班长或站长,采取及时有效措施,杜绝事故发生,并做好记录。

(2) 交接班时，当班人员与接班人员一起按巡检线路进行检查,同时对设备运行情况进行交接。

2.巡回检查内容

(1) 控制室电控柜各仪表显示是否正常，升温控制是否正常,观察露点分析仪是否处于正常测试状态。

(2) 压缩机运转是否正常,仪表屏指示仪表工作是否正常,各级温度是否在正常范围内,润滑系统运行是否正常,是否按规定时间排污。

(3) 脱水装置:检查各仪表是否正常,各阀门接头有无漏气现象,是否有异常响声。

(4) 储气设备:是否有泄漏,各组压力是否正常。

(5) 干燥系统:过滤器是否有堵塞现象需要进行清洗,各罐体是否工作正常,有无异常响声,阀门开关是否正确、灵活,仪表读数是否符合要求,再生温度是否正常。

(6) 配电室内有无异味及异常响声。

(7) 汇报所发现的问题,本站不能处理的,及时做好防护措施,迅速向上级主管部门汇报,并做好记录。

3.巡回检查路线

加气母站：半挂车停车区——干燥系统——压缩机撬——充装

区——配电室——控制室。

加气子站:储气瓶组——卸气系统——压缩机撬——加气区——配电室——控制室。

(六) 加气站用电管理制度

1. 普通电气设备(包括移动设备、照明装置、电机、焊机等)必须符合国家有关规定要求;站内防爆场所使用的电机、电气元件和线路必须符合防爆等级的要求,并采取相应的防爆安全措施。

2. 从事用电工作的操作人员,须经专业培训合格并持有电工证后方可上岗施工。电气故障应由专业电工处理。严禁他人擅自动用电器设施。

3. 运行的生产装置、罐区和具有火灾爆炸危险的场所内用电时,在办理用电作业许可证的同时,应办理用火作业许可证。

4. 电器设备检修作业时, 电源开关断开处应悬挂相应警示标牌,未经作业人员允许,他人不得随便触动。检修作业现场与电源开关柜距离较远时,开关断开处应有专人监护。

5. 电气工作人员严禁班前、班中饮酒。工作前应穿戴齐全必要的防护用品。

6. 非电工人员禁止做电气工作(实习人员必须在指定的合格人指导下,进行不带电作业)。

7. 电气工作人员应严格执行《电业安全工作规程》和《电气工程安装标准》,执行停送电、交接班、巡回检查制度等有关规定。

8. 停电抢修工作要执行有关要求和操作规程, 认真填写工作票,进行停电验放电,装设接地线,悬挂标示牌和装设遮拦及穿戴防护用品。

9. 变配电站(室)的各种信号、仪表和安全装置必须齐全有效。各种开关必须接触良好。站(室)内专用安全防护用具应按有关规定,定期进行试验和遥测，并保存好各种试验资料数据和记录。

10. 电气设备(包括移动设备、照明装置、电机、焊机等)必须遵照国家有关规定。

11. 一切电气设备在正常情况下，不带电的金属外壳应安装保护接地(零)、在同一台变压器供电系统中，不允许部分设备采取保护接地，另一部分采取保护接零。接地或接零线上不准装熔断器或断流装置，接地导线必须符合国家电气安全技术规范要求，接地电阻不得大于4 Ω。

12. 单种电气设备的工作零线，不能接在设备外壳上做保护接零，其保护接零应单独接在干线上。

13. 为防止零线断裂发生危险，要经常检查接零、接地线处有无裂腐蚀、开焊松动现象。

14. 严禁利用可燃气管道进行接地、接零的线路连接，并按《电气安全规程》距离进行敷设线路。

15. 应消除临时线，如特殊需要可按关于临时线的有关规定办理，并在有关部门批准后由电工按照固定线路要求安装，还要采取可靠安全措施，用完后立即拆除。对绝缘老化变质破损、接头过多的电线应予以更换停使，无用的电线应及时拆除。

16. 局部照明电压在36 V以下的电源，应采取双圈变压器，其二次线圈、铁芯、金属外壳要有可靠的接地或接零，两侧均需安装保险，并使用橡胶绝缘软线接地，一次侧线长不得超过2 m。

17. 容易发生触电危险场所，如锅炉、管道、储罐内工作时应使用12 V安全电压的行灯，并有专人监护和可靠的安全措施。

18. 在易燃易爆危险场所应选配防爆灯具，线路应按相应防爆标准进行安装，如控制设备不符合要求时(非防爆)，应采用防爆隔离安装。

19. 检修、更换操作时必须有人进行监护，禁止单独作业。

20. 严禁带负荷拉合隔离开关(刀闸)，拉闸抢修工作时应按《电气安全技术管理规定》执行，并悬挂“有人工作，禁止合闸”标示牌。

21. 使用手持电动工具必须做好保护接地(零)，应配用漏电保安器和穿用应用防护用具，使用前应按有关规定进行安全检查，要经常注意电线是否破坏。

22. 避雷装置必须合格，每年春天进行一次检查(按《电气装置安装工程施工及验收规范》)并遥测接地电阻值。

23. 作业现场使用临时用电时，其配电盘、配电箱要有防雨措施，配电盘(箱)门应能关闭牢固，临时用电设施必须安装符合规范要求的漏电保护器。临时用电设施要有专人管理，用电结束后，由原用电单位的电工负责拆除临时用电线路，其他人员不得私自拆除。

24. 用电单位必须严格遵守用电规定，不得随意变更用电地点和用电项目。

25. 除上述具体要求外，在安全用电工作管理上应按国家标准和有关规定执行，还应对变电运行值班、维修的各项规章制度全面贯彻落实。

26. 配电室管理要求

(1) 认真执行配电室要害部位的管理规定。

(2) 配电室由专业电工具体操作，非工作人员严禁入内，确保正常运行。

(3) 配电室内严禁存放易燃易爆物品和其他物资。

(4) 对配电室经常进行巡视检查，发现问题及时整改，并保持整齐清洁。

(5) 电料的领用手续要齐全，工具要登记造册，由专人负责，妥善保管，丢失赔偿。

(七) 加气站交接班制度

1.核对加气车数及气量

(1) 将每张加气交接单上的数据与加气日记录单中填写的数据进行认真核对。

(2) 在核对无误后再与电脑中的数据进行核对。

2.核对配送拖车的车数及气量

(1) 认真检查上一班填写的加气原始记录,确保数据准确。

(2) 如果进行过补气还要对补气量进行认真核对,对需要查表得到的数据要对照着表进行审核。

(3) 在审核完气量后还要对填写的日期、时间、压力的单位、操作工的签字及去向进行逐个核对,确保无误后由班长在接班记录签字处签字。

(4) 仔细检查打印的加气交接记录,核对气量及压力、温度是否一致。

(5) 核对电脑中保存单据数量及气量。

3.检查交接班记录

检查交接班记录中填写的各项内容是否正确、完整。

4.检查日报表填写内容

(1) 检查日报表中内容是否有更改。

(2) 检查日报表填写的车数和气量是否正确,核对累计车数和气量是否正确。

(3) 填写当日人员动态变化情况。

(4) 检查加气子站供气车辆运行动态情况,根据配送单的数据进行核对。

(5) 检查调度情况、特殊说明、进出站情况及其他文字填写是否正确,内容填写是否完整。

(八) 加气母站门卫管理制度

1. 门卫值班人员要严格遵守执行制度,恪尽职守、文明执勤、礼貌待客。

2. 门卫值班人员要做到二十四小时轮流值勤,夜间每两小时巡逻一次。发生治安事件应采取积极有效的应变措施,并及时向公安机关报案。

3. 门卫室及周边要保持整洁、干净,物品应规范放置。

4. 严格执行进出站管理制度。外来人员因公务需进站,经被访人同意,凭有效证件,准确填写会客证后,持会客证方可进公司;会客结束后,将由被访人签字的会客证归还后,方能离开。

5. 外来人员一时没有联系上被访人,可在门卫室内或指定地方等候,严禁闲杂人员和与工作无关人员进入。

6. 严格执行车辆出入制度,外来车辆进出站需严格检查,作好登记。

7. 门卫负责签收报刊、信函,签收后及时送往办公室。

8. 门卫必须坚守岗位,在岗时间不得做跟本岗位工作无关的事情。

9. 不得私自外出,按时交接班,填写值班记录。

(九) 加气站进站须知

1. 严禁在站内吸烟,严禁携带火种及易燃易爆等危险品进入站区。

2. 加气站属重点防火单位,参观人员须经批准后方可进站,并办理登记手续,未经批准谢绝参观;参观时须有专人陪同,并遵守站内安全生产管理规定。

3. 进站人员不准穿带铁钉的鞋和非防静电服装进入设备区,非操作人员严禁操作设备。

4. 严禁在站内使用非防爆无线通讯设备。

5. 进站加气车辆,必须严格遵守加气站安全管理规定。

6. 入站车辆要依次行驶,车速不得超过5 km/h,高峰期要服从工作人员的指挥,不得抢行、超车。

7. 进站车辆加气前,必须停稳熄火并拉好手刹车;乘车人员必须全部下车,在站外等候,关闭车门窗;加气时严禁启动汽车。

8. 非加气车辆和无关人员严禁进入加气站;进站加气车辆必须服从现场工作人员的指挥。

(十) 加气站维修施工管理制度

1. 开工前,在施工方案中,应有详细的平面布置,运输道路、临时电力线、临时管道、临时工棚等都必须符合安全要求,必须申报防火管理部门的应提前办理申报手续,批准后方能实施。

2. 施工方案和施工全过程都必须保证加气站充装生产的连续、稳定和安全性,凡与生产交叉施工的部位,实施前必须先与生产、安全管理部门取得联系,确定施工时间和施工方法、配合形式、安全预防措施,执行时必须强调严肃性。

3. 施工材料、构件、设备堆放要整齐稳定、不得超高、拆除物应及时清理,防止钉伤,施工破路要有标志,带气施工区域必须立标设卡。

4. 上下交叉施工作业时, 应设隔离设施、距地面4 m以上的作业面,必须设有防护杆、挡板及安全网,带气作业时,应设有足够的撤离跑道。

5. 施工现场必须设立必要的安全标志。

6. 严格遵守和执行国家及有关安检部门颁发的有关消防、安全及带气作业的相关规定,施工现场配备足够的消防器材,并做到布局合理、灵敏有效。

7. 进站车辆必须熄灭发动机、关闭总电源。

8. 施工现场严禁吸烟及携带火种。

9. 施工操作时须接临时电进行作业时，现场要有专人进行监护，并严格执行国家JGJ46—88《施工现场临时用电安全技术规范》。

10. 操作时,不得携带移动电话、随身听等非防爆电器。

(十一) 事故紧急处理措施管理规定

1. 停电应急措施

(1) 检查各重点部位,关闭电气开关,防止突然来电损坏电器设备,并及时向上级主管部门报告。

(2) 查清停电原因,记录停电时间和来电时间。

(3) 属站外供电线路故障时及时联系当地电力部门进行抢修。

(4) 供电回复后首先检查进线配电柜三相电压是否正常,确认后方可送电。

2.漏气应急措施

(1) 加气站内如果管网漏气,应迅速关闭泄漏点两端管线上的阀门和与该管线相连的储气瓶组阀门,切断气源。

(2) 切断电源,停止一切作业,做好人员和外来车辆的疏散工作,并消除一切火源,防止因抢险造成气瓶或其他金属物品的碰撞而产生火花。

(3) 如果泄漏量大,一时难以控制,应扩大警戒区域,迅速报警拨打“119”。

(4) 如果加(卸)气柱处管线或阀门出现泄漏,应立即关闭相关阀门,一时难以控制应迅速报警拨打“119”。

(十二)事故上报及处理管理制度

1.员工伤亡事故分类

员工在生产运营过程中,发生人身伤害及中毒时,按GB6441标准进行伤亡事故分类。

2.经济损失

按GB6721标准统计员工伤亡事故经济损失。

3.工伤事故的调查、处理与报告

(1) 及时处理事故

事故发生时无论任何级别应及时上报主管领导,不得隐瞒和拖延。

(2) 事故调查分析

① 事故调查分析的目的是:掌握事故情况,查明事故原因,分清事故责任,拟定措施,防止事故重复发生。

② 事故发生及时处理,抢救人员,控制事故发展,减少损失。

③ 保留现场以便调查研究。

④ 轻伤事故由基层单位进行调查分析。

⑤ 轻伤多人(三人及以上)、重伤、死亡事故,组成工伤事故调查组进行调查分析。必要时,请主管局及劳动部门、工会组织参加调查工作。发生事故的单位约请有关领导和部门参加工伤事故调查组工作,并负责提供调查经费、器材、工具。

⑥ 事故的调查分析,按GB6442标准执行。

(3) 事故处理

① 轻伤事故,由发生事故单位,按其权限对事故责任者进行处理,批准结案。

② 轻伤多人、重伤、死亡事故，由发生事故单位对事故责任者提出处理意见，经主管部门及劳动行政部门同意后结案。

(4) 事故报告

根据工伤事故调查组的意见，按《工厂职员伤亡事故报告规程》所规定的内容，由发生事故的单位起草《员工死亡、重伤事故调查报告书》，经讨论后，于事故发生后15日内，报主管部门及劳动行政部门。

4.工伤医疗和复工

(1) 工伤医疗

① 员工因工负伤应及时送往市内符合条件的医院抢救。

② 员工因工负伤需到外地治疗，应持市级医院的转诊证明，经相关部门同意，方可前往。

③ 员工因工负伤住院期间的伙食补助和车费，须经相关部门签字后方可报销。

(2) 工伤复工

① 员工因工负伤后，经医治和休息，医疗部门诊断为痊愈，办理复工手续。休息半年以上者，除医疗单位的诊断证明外，还需经工会和劳动部门讨论同意，方可复工。

② 员工因工负伤后，休息超过半年者，在复工未上岗前，进行必要的考核，合格后方可上岗操作。

六 操作规程

(一) 加气母站操作规程

1. 加气母站压缩机操作规程

(1) 准备工作

① 非本岗位人员严禁操作设备。

② 必须穿戴防静电工作服、工作鞋方可进入工作区维护、操作设备。

③ 检查供电电源是否正常。

④ 润滑油油位是否正常(从压缩机油位视窗观察油位的情况,在停机阶段油位高度应该在视窗的2/3处)。

⑤ 检查进气压力是否正常。

⑥ 检查回收罐压力是否正常。

⑦ 检查设备上的压力表、温度表和安全阀工作是否正常。

⑧ 检查软启动柜开关是否打在“开”的位置。

⑨ PLC控制面板有无报警显示(如有报警要先消除报警故障)。

(2) 启动压缩机

① 打开压缩机启动钥匙到“开”的位置。

② 观察PLC控制面板上显示的预润滑泵压力是否正常,检查冷却风扇运行是否正常。

③ 检查润滑油过滤器和强制润滑的压力、温度是否正常。

④ 检查油过滤器两端油压压差是否在规定值内。

⑤ 检查压缩机注油传感器是否正常。

⑥ 检查压缩机润滑油系统有无泄漏现象。

⑦ 检查压缩机各级缸的压力及温度是否正常。

⑧ 压缩机运行时操作人员应随时观察机组运行情况，发现异常声响、振动或仪表显示异常，应立即停机检查。

(3) 停止压缩机

① 压缩机运行至待机状态后，关闭压缩机启动钥匙到“关”的位置。

② 检查压缩机油路、气路系统是否有泄漏，各辅助系统是否正常，并填写《设备运行记录》。

(4) 注意事项

① 严禁无操作证人员上岗操作。

② 严格执行双人双岗操作，一人操作一人复核。

③ 严禁在压缩机运行时进行维护、保养、加注润滑油和排污作业。

④ 压缩机只有在满足设计操作工况的前提下才能运行。

⑤ 每日进行回收罐排污，每周进行一次压缩机废油池排污。

⑥ 定期(500小时)检查、加注电动机润滑脂。

⑦ 进行设备维修保养后确保压缩机撬内无工具、棉纱等杂物，以免压缩机及风扇运行时卷入设备。

提示一：

加注适量的润滑油。如果润滑油加注过量，会导致曲轴浸泡在油中，高速运行的曲轴会将空气打入润滑油中，产生油路故障。油位应该在油位视窗的1/2~2/3处，如果油位偏低，及时添加润滑油，但不能超过油位视窗的2/3高度。

提示二：

压缩机运行待机后及时将启动钥匙关闭。压缩机在待机状态下，出口压力低于压缩机设定值时，将会自动启动。

2. 加气母站干燥器操作规程

(1) 准备工作

① 非本岗位人员严禁操作。

② 必须穿防静电工作服、工作鞋和采取防护措施方可进入工作区维护、操作设备。

③ 初次投运的干燥器首先要对装置进行氮气或天然气置换，并进行气密检查。

④ 检查干燥器进口过滤器压差表(若指针指在红色报警区域需及时排污)。

⑤ 检查PLC控制面板报警显示，并处理报警故障。

⑥ 检查确认干燥器前端天然气工艺流程管线。

⑦ 干燥器露点仪显示天然气水露点为-30 ℃时进行切换(SY/T7546—1996《汽车用压缩天然气》规定，汽车用CNG水露点应低于最高操作压力下最低环境温度5 ℃)。

(2) 干燥器切换操作步骤

① 确认干燥器入口阀门处于关闭状态。

② 缓慢关闭吸附(在用)罐入口球阀，再缓慢关闭吸附(在用)罐出口球阀。

③ 缓慢打开再生(待用)罐入口球阀和再生(待用)罐出口球阀。

④ 打开两塔之间的平衡调节阀，在两塔内压力趋于平衡后关闭平衡调节阀(目的是减少在用塔的泄压排空量)。

⑤ 缓慢打开备用塔进口球阀，再缓慢打开备用塔出口球阀。

⑥ 缓慢打开在用塔顶部再生进口球阀，再缓慢打开在用塔底部再生出口球阀。

(3) 干燥器再生操作步骤

① 检查确认备用塔的工艺流程。

② 打开循环风机下部放空阀门进行泄压放空(阀门缓慢开启且开度不宜过大)。

③ 在放空过程中注意观察循环风机压力表和备用塔压力表,当循环风机压力表显示压力为75~80 Psi时,关闭循环风机放空阀。

④ 启动再生开关。

⑤ 检查干燥器加热器出口温度、冷却器出口温度和循环风机,做好相关记录。

⑥ 再生结束后及时排出积液器中的重烃。

(4) 干燥器再生注意事项

① 严格执行双人双岗操作,一人操作一人复核。

② 如再生过程中因加热器出口温度过高报警停机，应按下报警复位键,检查并排除故障后再次启动。

③ 加热后气体膨胀导致塔内压力升高，此时应缓慢打开循环风机放空阀进行泄压,压力降至设定范围内,关闭泄压阀,保证塔内压力不大于规定值(操作人员应随时观察并及时泄压,以保证塔内压力在正常工艺要求范围内)。

④ 再生过程中注意观察加热器出口温度、再生出口温度、冷却器进出口温度、压差表。

⑤ 在冬季应注意及时排除积液器内重烃,以免集液器中重烃凝冻。

⑥ 在冬季应对冷却器出口过滤器进行保温。

3. 加气母站拖车瓶组充装操作规程

(1) 充装前准备

① 非本岗位人员严禁操作此设备。

② 必须穿防静电工作服、工作鞋方可进入工作区维护、操作设备。

③ 引车到位,检查拖车瓶组刹车制动是否正常。

④ 检查加气柱和拖车瓶组阀门、连接卡套是否有漏气和松动等情况。

⑤ 检查压力表、温度表是否正常，压力表的针阀是否开启。

⑥ 检查加气柱PLC控制面板显示是否正常。

(2) 充装步骤

① 将充装区静电接地夹与拖车的接地端连接。

② 复核拖车瓶组挂号，打开拖车瓶组后舱门，挂好风钩。

③ 将加气柱软管快装接头与拖车瓶组快装接头连接，确保连接到位。

④ 依次缓慢打开拖车瓶组各分瓶阀。

⑤ 准确读取拖车瓶组压力表、温度表数值。

⑥ 缓慢打开拖车瓶组主阀。

⑦ 缓慢打开加气柱出口球阀。

⑧ 缓慢打开加气柱进口球阀。

⑨ 按下加气柱控制面板的启动按钮。

⑩ 启动压缩机，开始充装作业。

⑪ 充装结束后，关闭压缩机。

⑫缓慢关闭加气柱进口球阀和出口球阀。

⑬ 准确读取拖车瓶组压力表、温度表数值。

⑭ 依次缓慢关闭拖车瓶组各分瓶阀。

⑮ 缓慢关闭拖车瓶组主阀。

⑯ 打开加气柱放空针阀进行泄压。

⑰ 泄压后卸下加气柱软管快装接头，将快装接头归位，关闭放空针阀。

⑱ 取下风钩，关闭拖车瓶组后舱门，取下静电接地夹。

⑲ 做好拖车瓶组充装记录。

(3) 注意事项

① 严禁无关人员进入充装区。

② 严格执行双人双岗操作,一人操作一人复核。

③ 操作人员在拖车瓶组后舱门进行操作时，须识别头部碰撞和从踏板滑落的风险。

④ 操作人员在开启分瓶阀时严禁拉、拽高压集束管线。

⑤ 开启阀门时,动作要缓慢并将身体位于阀门侧位。

⑥ 如在充装过程中遇到气体泄漏等突发情况,及时关闭压缩机,停止充装作业。

4. 加气母站压缩机、干燥器、加气柱排污操作规程

(1) 排污前准备

① 非本岗位操作人员严禁操作此设备。

② 必须规定穿防静电工作服、工作鞋和采取防护措施方可进入工作区维护、操作设备。

③ 操作区域配备的消防器材完好。

④ 用铝制专用容器接收油污、重烃。

(2) 压缩机排污操作步骤

① 在压缩机停机状态下方可进行排污作业。

② 缓慢打开排污球阀(开度不宜过大,防止废液喷溅)。

③ 排污结束后,缓慢关闭排污球阀,检查确认排污阀门是否有泄漏。

④ 将排出的油污集中回收处理。

(3) 干燥器排污操作步骤

① 戴好防毒面具和防护手套。

② 缓慢开启积液罐排污口球阀(开度不宜过大,防止废液喷溅)。

③ 排污作业结束后,缓慢关闭排污球阀,检查排污阀是否有泄漏。

④ 将排出的重烃集中回收处理。

(4) 加气柱排污操作步骤

① 在非充装作业时方可进行排污作业。

② 缓慢打开加气柱出口球阀,按下加气柱控制面板启动按钮。

③ 缓慢打开加气柱放空针阀进行泄压，观察压力表指针到规定值,关闭放空针阀。

④ 缓慢打开过滤器排污阀(开度不宜过大,防止废液喷溅)。

⑤ 排污结束后,缓慢关闭排污球阀,检查确认排污阀是否有泄漏。

⑥ 缓慢关闭加气柱出口球阀,按下加气柱控制面板停止按钮。

⑦ 将排出的油污集中回收处理。

(5) 压缩机、干燥器、加气柱排污注意事项

① 排出废液的主要成分是烷烃混合物，属可燃液体或气体,易燃、易爆。

② 严格执行双人双岗操作,一人操作一人复核。

③ 排污后的废液必须由排污责任人做好记录，并按规定存放在指定地点。

④ 对于废液的处理,应按照相关规定,送到指定回收站,杜绝因处理不当造成的环境污染。

5.拖车瓶组排污操作规程

(1) 排污前准备

① 非本岗位人员严禁操作此设备

② 必须穿防静电工作服、工作鞋和采取防护措施方可进入工作区维护、操作设备。

③ 确保拖车瓶组排污区域配备的消防器材完好。

④ 拖车瓶组压力为1~1.5 MPa时进行排污操作。

⑤ 用铝制专用容器接收油污。

⑥ 排污时将拖车停放在稍有坡度的场地。

(2) 排污步骤

① 连接好拖车瓶组静电接地。

② 打开拖车瓶组后舱门,挂好风钩。

③ 缓慢打开排污主阀。

④ 依次缓慢打开各分瓶排污阀,分别进行排污。

⑤ 排污结束后,缓慢关闭各分瓶排污阀和排污主阀。

⑥ 取下风钩,关好拖车瓶组后舱门,取下静电接地夹。

⑦ 做好拖车瓶组排污记录。

⑧ 将排出的油污集中收集处理。

(3) 注意事项

① 严格执行双人双岗操作,一人操作,一人复核。

② 排污时拖车瓶组各分瓶应逐一打开进行排污, 严禁分瓶排污阀同时打开排污。

③ 操作人员应注意人身安全,操作时身体应侧位于排污阀操作。

④ 严格监护排污现场,无关人员不得进入作业现场,雷雨天气严禁排污、放空作业。

6. 加气母站过滤分离器切换操作规程

(1) 准备工作

① 非本岗位人员严禁操作此设备。

② 必须穿防静电工作服、工作鞋方可进入工作区维护、操作设备。

③ 检查过滤分离器压差表(若指针指在红色报警区域需要进行切换)。

④ 在非充装作业时方可进行切换操作。

(2) 操作步骤

① 按下电动球阀控制柜“关阀”按钮,关闭进气管线电动紧急切

断球阀。

② 缓慢关闭在用支路过滤分离器进口球阀和出口球阀。

③ 缓慢打开备用支路过滤分离器进口球阀和出口球阀。

④ 按下电动球阀控制柜“开阀”按钮，打开进气管线电动紧急切断球阀。

⑤ 检查进气管线压力、温度是否正常。

⑥ 检查确认球阀盘根、法兰连接处无气体泄漏。

⑦ 填写过滤分离器切换操作记录。

(3) 注意事项

① 严格执行双人双岗操作，一人操作一人复核。

② 每周进行一次电动紧急切断阀控制柜闭合试验作业，检查电路和机械传动部件工作是否正常。

③ 每月进行一次紧急放空管吹扫作业，确保紧急放空管无堵塞。

④ 定期检查、校验进气管线压力传感器、温度传感器。

⑤ 冬季应及时排除过滤分离器内废液，以免过滤分离器中废液凝冻。

7. 加气母站天然气锅炉操作规程

(1) 准备工作

① 非本岗位操作人员严禁操作此设备。

② 检查气体报警装置工作是否正常。

③ 检查供电电压是否正常。

④ 检查水箱水位是否正常。

⑤ 检查天然气入口压力是否正常，天然气管线有无泄漏。

⑥ 出、回水管、水箱接管、排污管接头、法兰等处是否漏水。

⑦ 检查锅炉房消防器材是否完好。

(2) 操作步骤

① 开启排风扇开关。

② 打开自动补水装置电源，开启自动补水装置进水阀门和出水阀门。

③ 打开在用上水泵两端进出水阀门，关闭备用上水泵两端进出水阀门。

④ 启动上水泵。

⑤ 开启锅炉供电电源。

⑥ 在PLC控制面板界面设定温度上限值和下限值。

⑦ 缓慢打开天然气进气阀门。

⑧ 启动燃烧机(当温度上升到上限值时燃烧机自动停止工作，当温度降到下限值时，燃烧机自动启动，并正常燃烧)。

⑨ 检查出水压力、温度是否正常。

⑩ 做好锅炉巡检记录。

(3) 注意事项

① 严格执行双人双岗操作，一人操作，一人复核。

② 当班操作人员必须严守岗位，定时检查压力表和水位计，不得超过规定的压力和水位高度，发现不正常现象，应查明原因，必要时立即报告，停炉检查或修理。

③ 如水位、天然气压力降低到低限值时，燃烧机自动关闭，解除警报并复位后重启燃烧机。

④ 锅炉、燃烧机及电控箱必须可靠接地。

⑤ 检查供电电压是否正常，电压异常容易损坏设备。

⑥ 定期切换上水泵及添加润滑脂的维护保养。

⑦ 根据水质情况定期对锅炉进行除垢保养。

8. 加气母站高低压配电室操作规程

(1) 高压变、配电设备的倒闸操作

倒闸操作的要求是禁止带负荷分、合隔离开关，其顺序：

合闸送电时，由电源侧逐级向负荷侧延伸送电。应先合电源侧隔离开关，再合负荷侧隔离开关，最后合断路器或负荷开关。

分闸断电时，应由负荷侧逐级向电源侧延伸断电。其操作顺序与合闸送电相反。

① 变电和高低压供电设备的合闸与分闸操作顺序：

合闸：高压互感器隔离开关（检查三相电源是否平衡）——高压开关柜隔离开关——高压真空开关——运行变压器和隔离开关——低压真空开关——根据需要闭合各回路开关。

分闸：操作顺序与合闸顺序相反。

② 倒换变压器时，应按下列顺序操作：

断开低压总开关——断开高压真空开关——倒换变压器隔离开关——闭合高压真空开关——闭合低压总闸——根据需要闭合各回路开关。

③ 倒闸操作的安全规定：

A 操作人员必须持证上岗；操作高压设备时应穿戴好绝缘防护用品。

B 倒闸操作时，必须严格按操作规程执行。

C 在合闸时，应注意各仪表指示是否正常，发现异常情况，立即依次拉闸，查明原因，待检修后再依次合闸。

D 倒闸操作结束，经检查无误，操作人、监护人填写操作记录。

(2) 供电操作

① 供电前检查并确认电气设备：

A 电气设备的技术状况良好。

B 配电盘上的仪表除功率因数表、周波表外，均应归零。

② 供电操作应先闭合总闸，后逐个闭合供电分闸。停电时顺序相反。

③ 工作时，注意观察仪表和设备的运行情况，做好记录。

④ 发现跳闸应查明原因,排除故障后方可合闸供电。

⑤ 发现火情,除消防、应急系统用电外,其余均停止供电。

(3) 安全注意事项

① 变电设备检修时,应注意:

A 必须开具相关检修工作票。

B 严禁带电检修。

C 先通知各用电场所,再正常停电进行检修。

② 检修高压电器设备时,应注意:

A 事先由专人与供电部门联系停电事宜。

B 检修设备周围设置安全栅栏并悬挂“有人工作,严禁合闸”的警示牌。

C 由专人验电、放电,并安装临时短路接地线。

D 修复后仔细检查,拆除临时短路接地线,再由专人送电。

③ 检修低压电器设备时,应注意:

A 将该设备可能来电的各个方向的电源全部断开。

B 在断开的开关和刀闸的操作手柄上悬挂“有人操作,严禁合闸”的警示牌。

C 工作开始前,必须由专人验电。

④ 严格执行带票操作和双人双岗制度,一人操作一人监护。

(二) 加气子站压缩机操作规程

1. 加气子站压缩机操作规程

(1) 准备工作

① 非本岗位人员严禁操作此设备。

② 必须穿防静电工作服、工作鞋方可进入工作区维护、操作设备。

③ 检查供电电压是否正常。

④ 检查润滑油油位是否正常(从压缩机油位玻璃视窗检查油位

的高低，在停机阶段油位高度应该在玻璃视窗的2/3处）。

⑤ 检查进气压力是否正常。

⑥ 检查回收罐压力是否正常。

⑦ 检查所使用的压力表、温度表和安全阀工作是否正常。

⑧ 检查软启动柜开关是否打在“开”的位置。

⑨ PLC控制面板有无报警显示(如有报警要先消除报警故障)。

(2) 启动压缩机

① 打开压缩机启动钥匙到“开”的位置。

② 观察PLC控制面板上显示的预润滑泵压力是否正常，检查冷却风扇运行是否正常。

③ 检查润滑油过滤器和强制润滑的压力、温度是否正常。

④ 检查油过滤器两端油压压差是否在规定值内。

⑤ 检查压缩机注油传感器是否正常。

⑥ 检查压缩机润滑油系统有无泄漏现象。

⑦ 检查压缩机各级缸的压力及温度是否正常。

⑧ 压缩机运行时操作人员应随时观察机组运行情况，发现异常声响、振动或仪表显示异常，应立即停机检查。

(3) 停止压缩机

① 压缩机运行至待机状态后，关闭压缩机启动钥匙到“关”的位置(正常生产中，由于压缩机启动、停止频繁，子站压缩机运行至待机后启动钥匙不必关闭到“关”位置)。

② 检查压缩机油路、气路系统是否有泄漏，各辅助系统是否工作正常，并填写压缩机运行记录。

(4) 注意事项

① 严禁无操作证人员上岗操作。

② 严格执行双人双岗操作，一人操作一人复核。

③ 严禁在压缩机运行时进行维护、保养、加注润滑油和排污

作业。

④ 压缩机只有在满足设计操作工况的前提下才可运行。

⑤ 切记:加适量的润滑油。如果润滑油加注过量,会导致曲轴浸泡在油中,高速旋转的曲轴会将空气带入润滑油中,易产生油路气阻故障;油位应在油位视窗的1/2~2/3处,若油位偏低,要及时添加润滑油,但不能超过油位视窗2/3高度。

⑥ 压缩机在待机状态下,中压瓶组压力低于设定值时,压缩机将会自动启动,操作与维护人员应注意人身安全。

⑦ 一级气缸压力<14 MPa;二级气缸压力<25 MPa。

⑧ 每日进行回收罐排污,每月进行一次废油槽排污。

⑨ 定期(500小时)检查、加注电动机润滑脂。

⑩ 设备保养后确保压缩机撬内无棉纱等杂物,以免压缩机及风扇运行时卷入设备。

⑪ 排污时,如果油质、油量异常,必须及时停机检查,分析原因。

2. 加气子站拖车瓶组更换操作规程

(1) 准备工作

① 非本岗位人员严禁操作此设备。

② 必须穿防静电工作服、工作鞋方可进入工作区维护、操作设备。

③ 引车到位,检查拖车瓶组刹车制动是否正常。

④ 检查拖车前端机械支架是否稳定支撑。

⑤ 检查卸气柱和拖车瓶组各阀门、连接卡套是否有漏气和松动等情况。

⑥ 检查压力表、温度表是否正常,压力表的针阀是否开启。

⑦ 检查卸气作业区消防器材是否完好。

(2) 拖车瓶组更换操作步骤

① 关闭压缩机启动钥匙到“关”的位置。

② 缓慢关闭卸气柱出口球阀。

③ 依次缓慢关闭在站拖车瓶组各分瓶阀。

④ 缓慢关闭在站拖车瓶组主阀。

⑤ 打开卸气柱放空针阀进行泄压。

⑥ 读取在站拖车瓶组压力表、温度表数值。

⑦ 取下卸气软管,缓慢关闭卸气柱进口球阀和放空针阀。

⑧ 关闭在站拖车瓶组后仓门,放下静电接地带。

⑨ 将静电接地夹与到站拖车瓶组的接地端连接。

⑩ 打开到站拖车瓶组后舱门,挂好风钩,复核拖车瓶组挂号。

⑪ 将卸气软管快装接头与到站拖车瓶组快装接头连接，确保连接到位。

⑫ 依次缓慢打开到站拖车瓶组各分瓶阀。

⑬ 缓慢打开到站拖车瓶组主阀。

⑭ 读取到站拖车瓶组压力表、温度表数值。

⑮ 缓慢打开卸气柱进口球阀。

⑯ 缓慢打开卸气柱出口球阀。

⑰ 启动压缩机,开始卸气作业。

⑱ 认真填写《加气子站天然气验收计量入库单》。

(3) 注意事项

① 严禁非工作人员进入卸气区。

② 严格执行双人双岗操作,一人操作一人复核。

③ 操作人员在拖车瓶组后舱门进行操作时，需识别头部碰撞和从踏板滑落的风险。

④ 操作人员在开启分瓶阀时严禁拉、拽、扶高压集束管线。

⑤ 开启阀门时,动作要缓慢并将身体位于阀门侧位。

⑥ 如在更换拖车瓶组过程中遇到气体泄漏等突发情况，必须及时关闭阀门,停止卸气作业。

3. 加气作业操作规程

(1) 准备工作

① 进站加气车辆必须进行逐车检查,以下情况不予充装:

车载气瓶无当地质监部门颁发的瓶检证,瓶检日期与钢瓶钢印日期不一致,超过有效使用日期继续使用,气瓶余气压力≤0.2 MPa。

② 检查气瓶阀、加气接头及连接固件无漏气和松动情况。

③ 检查确认充装车辆中无司乘人员。

④ 确认无司乘人员在现场吸烟,打手机等危险因素。

⑤ 检查确认加气车辆已熄火。

(2) 加气作业操作步骤

① 取下加气枪,注意枪阀手柄箭头指向“关”阀的方向,将加气枪头插入汽车气瓶上的加气接口,连接可靠。

② 旋转枪阀的手柄,让其箭头指向“开”阀的方向。

③ 打开车辆瓶口阀。

④ 按下加气机上的加气键开始加气。

⑤ 加气完成后电脑控制器的蜂鸣器会连续响三声后自动停止加气,如果车辆不需要加足设定压力,可按下停止键手动停止加气。

⑥ 关闭车辆瓶口阀。

⑦ 将枪阀手柄旋转至箭头指向“排空”的方向,泄压排空。

⑧ 取下加气枪放回加气机枪孔内,结束加气。

(3) 注意事项

① 在加气过程中,发现有气体泄漏,应立即切断加气机电源,迅速关闭加气车辆的气瓶阀,关闭加气机出口球阀。

② 为延长加气机高压软管的使用寿命, 避免让其长期处于高压膨胀状态,在较长时间停止工作时,应关闭加气机的出口球阀,打开三通枪阀,排空软管中的高压气体。

③ 维修部件后或再次使用加气机时，应先排净软管中的空气，保证充入汽车的是纯净天然气。

4. 加气子站储气瓶组操作规程

(1) 严格遵守压力容器使用要求，认真执行本操作规程。

(2) 非本岗位人员严禁操作此设备。

(3) 必须穿防静电工作服、工作鞋方可进入工作区维护、操作设备。

(4) 初次使用储气瓶组首先要对该装置进行氮气或天然气置换并进行气密检查。

(5) 储气瓶组进气前必须认真观察系统压力。开启进气阀时动作必须轻、缓、慢，在压力稳定后方可缓慢打开送气阀，向加气机送气。

(6) 储气瓶组主要控制指标：压力≤25 MPa，温度-40 ℃~60 ℃。

(7) 严格遵守设备巡回检查制度。必须每小时对储气瓶组运行情况做一次巡回检查。检查的内容为：储气瓶组压力、温度，安全阀、管件阀门等连接部位，并认真填写巡检记录。

(8) 储气瓶组必须每月进行一次排污，排污时必须关闭进出气主阀，同时将储气瓶组压力控制在≤5 MPa内。在打开排污针型阀和球阀时动作必须轻、缓、慢。排污完毕后必须关闭排污球阀和针型阀，之后方可进气投入运行。

5. 加气子站高低压配电室操作规程

(1) 高低压配电设备的操作

合(分)闸操作的要求是禁止带负荷合、分隔离开关，其顺序：

合闸送电时，由电源侧逐级向负荷侧延伸送电。应先合电源侧隔离开关，再合负荷侧隔离开关，最后合断路器或负荷开关。

分闸断电时，应由负荷侧逐级向电源侧延伸断电。其操作顺序与合闸送电相反。

① 高低压配电设备合(分)闸操作顺序:

合闸——高压互感器隔离开关(检查三相电源是否平衡)——高压开关柜隔离开关——高压真空开关——运行变压器和隔离开关——低压真空开关——根据需要合各分闸供电。

分闸操作顺序与合闸顺序相反。

② 合(分)闸操作的安全规定:

A 合(分)闸操作时,必须严格按操作顺序执行,操作人员完成操作顺序,监护人密切注意设备和操作人员的动态。

B 在合闸时,应注意各仪表指示是否正常,发现问题,立即依次拉闸,查明原因,待检修后再依次合闸。

C 操作高压设备时应穿好绝缘鞋,站在绝缘台上,并戴好绝缘手套。

③ 合(分)闸操作结束,经检验无误,操作人、监护人填写操作记录。

(2) 供电操作

① 供电前检查并确认电气设备:

A 电气设备的技术状况良好。

B 配电盘上的仪表除功率因数表、周波表外,均应正确指零。

C 供电操作应先合总闸,后逐个合供电分闸。停电时顺序相反。

D 工作时,注意观察仪表和设备的运行情况,做好记录。

E 发现跳闸应查明原因,排除故障后方可合闸供电。

F 发生火警,除消防、应急系统用电外,其余均停止供电。

② 安全注意事项

变电设备检修时,应注意:

A 必须开具相关检修工作票。

B 绝对禁止带电检修。

C 先通知各用电场所,再停电修理。发生突然电气故障除外。

检查高压设备时,应注意:

A 由专人先与供电部门联系停电。

B 检修设备周围设置安全栅栏并悬挂“有人工作,严禁合闸”的警示牌。

C 由专业人员验电、放电。

D 将三相线临时短路并接地。

E 修复后仔细检查,拆除临时短路接地线,再由专人送电。

低压电器设备检修时,应注意:

A 将该设备可能来电的各个方向的电源全部断开。

B 在断开的开关和刀闸的操作手柄上悬挂“有人操作,严禁合闸”的警示牌。

C 工作开始前,必须由专人验电。

D 严格执行带票操作和双人双岗制度,一人操作一人监护。

(三) 液压加气子站操作规程

1. 液压加气子站拖车瓶组操作规程

(1) 拖车进入卸气区,设置隔离桩,禁止无关人员进入,避免造成伤害事故。

(2) 将拖车停放在卸气区指定的安全作业地点,熄灭牵引车发动机。

(3) 拖车停到指定位置,确认制动有效后,用挡块双向固定好拖车,并启动拖车连锁刹车装置,放置拖车的支撑底座,摇下拖车支腿,让牵引车离开。

(4) 垫好木板拔出辅助支撑腿固定销,用短摇把摇下辅助支腿,插入固定销,用同样方法放下另一支腿并固定好。

(5) 将卸气点的静电接地线与拖车操作仓内的导静电片连接。

(6) 检查车底顶升油路放散阀是否关闭,打开注油阀防止油箱被

高压油充破裂。

(7) 打开拖车后仓门,并将仓门固定在拖车两侧。

2. 液压加气子站卸气前检查

(1) 检查拖车上各高压管件、阀门有无异常,用仪器检查有无泄漏,如发现问题,必须在处理好问题后再进行下一步工作。

(2) 检查液体连接块、气体连接块上的放散阀门有无结霜,确保其密封性。

(3) 在拖车与液压撬体连接前, 打开拖车上各块体处的放散阀门,将该部分卸压,以便连接高压软管;确保连接部分在无压状态,然后关闭放散阀。

(4) 对应软管连接好后,检查并关闭所有放散阀。

3. 液压加气子站卸气前管路连接操作规程

(1) 液压油管路连接

① 确认单、双油路接头,单注(回)油路接头与撬体连接管路上是公接头,与其对应的子站拖车上安装母接头,双注(回)油路接头与撬体连接管路上是母接头,与其对应的子站拖车上安装公接头。

② 连接单注(回)油路时,关闭单注(回)油路撬体上的注(回)油阀,打开单注(回)油路撬体上的放散阀,待单注(回)油路泄压完毕后关闭放散阀,打开拖车上母接头油块的放散阀,卸压后关闭放散阀,将撬体上的注液高压软管公接头对准专用半挂车上的母接头,逐渐用力向前推,听到“咔哒”声音,高压软管公母接头即是锁住,连接成功(用力向后拖拉接头,确认是否接牢)。

③ 连接双注(回)油路时,关闭双注(回)油路撬体上的注(回)油阀,打开双注(回)油路撬体上的放散阀,待双注(回)油路卸压完毕后关闭放散阀,打开拖车上公接头油块的放散阀,卸压后关闭放散阀,将撬体上的注液高压软管母接头对准专用半挂车上的公接头,逐渐用力

向前推，听到"咔哒"声音，高压软管公母接头即是锁住，连接成功(用力向后拖拉接头，确认是否接牢)。

④ 脱开单注(回)油路时，将半挂车上快装母接头上活动锁套向前推开到要求的位置后，注液高压软管公母接头即脱开；脱开双注(回)油路时，将撬体侧快装母接头上活动锁套向后拉开到要求的位置后，注液高压软管公母接头即脱开。

(2) 高压天然气管路连接

① 关闭撬体上CNG总阀门，打开撬体高压天然气管路放散阀，等高压天然气管路卸压完毕后，关闭撬体高压天然气管路放散阀。

② 打开拖车上CNG管路气块的放散阀，待卸压完毕后，关闭放散阀，将天然气软管母接头上的活动锁套向后拉开，对准公接头插到要求的位置后把活动锁套松开并复位，即可将接头锁住。

(3) 气动控制系统管路连接

① 确认前仓(CNG)气动控制器快装接头、后仓(液压油)气动控制器快装接头和8#钢瓶回油控制气接头。

② 将母接头内靠近边缘的地方有一个定位插脚，使之对准公接头有缺口的部位，使插头和插座同轴，轻轻插入后拧紧锁母即为可靠连接，切忌暴力操作。

③ 脱开时，先将锁母拧开，再拔下插头即可。

④ 连接好8#钢瓶的气动接头。

(4) 拖车顶升装置液压管线连接

将撬体上黑色的胶管与拖车底盘上的接头连接牢固。

(5) 拖车框架顶升操作

① 关闭拖车及子站系统中的放散阀门。

② 对正支好垫板，摇下辅助支腿，销轴插入到位。

③ 调整支腿使辅助支腿接触对应垫板，确认各支腿稳定对称受力均匀后，启动液压系统，打开顶升操作装置下部的注油阀、关闭回油

阀,将顶升操作装置上部黑色扳手扳至升车状态,观察压力表的压力,当压力达16 MPa时扳动换向阀手柄将钢瓶框架顶起,仰角为10°,然后关闭顶升操作装置下部的注油阀。

(6) 液压系统启动操作

① 关闭拖车后仓的气动球阀、CNG管路放散阀及单、双注(回)油路放散阀;打开拖车上的卸气总阀及前、后仓各钢瓶口手动球阀。

② 关闭撬体上的单、双回油管路上的手动回油阀、CNG管路上的放散阀,打开撬体上的单、双供(回)油路总阀、CNG管路总阀。

③ 系统送电,此时软启动器控制面板显示当前工作状态、参数等信息。

④ 打开空气压缩机气泵和脱水装置,开启压缩气源设备,使气体储罐压力达到设定值(0.65 MPa~0.8 MPa)。

⑤ 启动液压系统,系统开始升压,升压合格后,开始给汽车加气。

(7) 更换拖车操作

① 当前一辆拖车的8#瓶天然气卸完气后,PLC控制程序自动提示换车,将顶升系统的第二辆车液压油管快装接头在第二辆拖车接好(此时停止加气)。

② 关闭撬体和拖车上的卸气手动阀,打开拖车上单注油放散阀和天然气放散阀,使软管内无压力,再关上两个放散阀。

③ 依次将单注油软管、高压气管、前后仓控制气快装接头、拖车信号线调换至第二辆车,留下双注油软管和8#钢瓶的回油阀控制气管、拖车顶升装置液压管线。

④ 此时可以启动第二辆车的1#钢瓶开始加气,以保证加气持续进行。

⑤ 待第一辆车8#钢瓶回油完毕后,打开顶升装置的1#针形阀把拖车降下来,立即把双注油软管、8#钢瓶的回油控制气快装接头调换至第二辆拖车上(此时换车整个过程结束,大约为15分钟)。

4. 液压加气子站卸气后拖车移动操作规程

(1) 一辆车加气结束,当8#钢瓶内的液压油全部返回储罐时,将8#钢瓶气动控制快装接头转接至下一辆车。

(2) 关闭拖车的卸气阀门,关闭子站拖车加气总阀门,打开拖车卸气管路放散阀,排出气压块的压力,关闭放散阀,断开CNG供气管。

(3) 打开拖车上的双注油管的放散阀门, 排出油压块的压力,关闭放散阀门,断开双注油软管并接至下一辆车上。

(4) 拖车仰角降下来后,确认到位,收起辅助支腿,插好销轴及保险销,连接车头移走子站拖车的支撑底座,移走子站拖车车轮锲块。

(5) 收起静电接地线,关好拖车操作仓门。

(6) 用摇把将两面支撑腿摇起,插好销轴及保险销,检查子站拖车连接情况,收起垫车木块,松开子站拖车安全闸,移走子站拖车。

(四) 标准加气站操作规程

1. 标准加气站压缩机试车、投运操作规程(DFD-3.45/4-250型天然气压缩机)

(1) 压缩机试运行具备的条件:

① 压缩机安装结束,各部装配数据符合要求。

② 各种技术资料、记录齐全。

③ 压缩机配套的各相关电气、仪表、土建、工艺管道、防腐、保温等已安装完毕,达到单机试运转条件。

④ 电机经过单机试车合格。

⑤ 压缩机供水、供油系统已具备使用条件。

⑥ 压缩机各部位间隙, 压缩机与电机同心度经过检测符合安装技术要求。

⑦ 仪表报警、联锁保护系统、安全附件经调试检定合格,仪表灵

敏可靠。

⑧ 管理和操作人员技术培训合格。

⑨ 场地内无杂物,平整、清洁,消防器材齐备。

(2) 试车前的检查内容:

① 检查各连接部位是否连接牢固。

② 检查压缩机工艺气管路,润滑油管路、水管路系统是否干净清洁。

③ 检查所有辅助电机转向是否正确。

④ 压缩机机身油池及注油器油位是否符合要求。

⑤ 检查各项保护装置动作是否正确,在试验时应断开压缩机驱动电机的电源,每项试验完后,复原控制柜。

⑥ 确认压缩机阀门安装正确。

⑦ 检查压缩机曲轴箱上盖、中间接筒、十字头等部位有无易损的零件、碎屑或工具等。

⑧ 检查所有管道,是否有未紧固的联结件和未拆除的盲板。

⑨ 现场操作环境良好,无影响操作人员的异物和不便于操作的设备、阀门。

⑩ 保护装置、灭火器等应齐全,并放在指定位置。

⑪ 再次核准压缩机各级气缸的止点间隙。

⑫ 调整好压缩机的气、水、油的安全保护系统。

⑬ 现场操作人员熟悉压缩机结构和运转操作要领、程序及检验项目。

⑭ 瞬时启动电动机,检查其旋转方向是否正常(从齿轮油泵侧看为逆时针旋转)。

(3) 空负荷试车

① 操作人员应掌握安全装置和控制仪表的功能。

② 打开电控箱上的电源总开关,各种功能的指示灯闪亮。

③ 进入PLC 控制柜手动控制程序，采用手动点动启动方式逐一检查各电机的旋向是否正确,否则应予纠正。

④ 脱开天然气进气管和压缩机组的一级进气管的连接。

⑤ 打开循环冷却水截止阀,循环冷却水进水总阀,并在总出口处调节好水量。

⑥ 启动注油器、水泵。

⑦ 启动压缩机主电机。主电机瞬时断续启动2~5次,检查压缩机转动情况是否正常,检查有无振动和异常声音。

⑧ 空负荷试车时间为1~2小时左右,在此期间应随时检查运转部位的温升和润滑情况;机身油池内的油温是否过高、整个机组有无振动、紧固件是否牢固、冷却水是否畅通、齿轮油泵油压是否正常、注油器注油情况是否正常等。如发现有不正常情况,应立即停车检查,修复后再进行空负荷试车。

(4) 空负荷试车

① 负荷试运转注意事项：

由于负荷试运转气体与工艺气体的重量不同,压缩机的轴功率及各级工艺参数、温度、压力与设计值不同。

操作时按以下原则控制：

A 压缩机负荷运转的轴功率小于实际轴功率。

B 压缩机各级压力小于各级设计压力。

C 压缩机各级排气温度不能超过160 ℃。

D 必须设专人控制压缩机最后一级的截止阀,以保证压缩机不超负荷运转。

② 负荷试运转程序

A 压缩机空负荷试运及系统吹扫合格后,接好各部管路,拆开压缩机入口阀球阀与脱水来工艺管线之间的法兰，使之直接通向大气。高压放空阀全开。

B 盘车,检查运动机构是否有卡塞,经检查无异常情况后即可启动压缩机。

C 启动注油器电机、水泵电机。

D 启动压缩机主电机,主电机瞬时断续启动2~5次,检查压缩机转动情况是否正常,检查有无振动和撞击现象。

E 大约5分钟后逐渐关小高压放空阀使压缩机缓慢升压至5 MPa,控制高压放空阀,稳压运行8小时,运行过程中每30分钟排放一次油水分离器的积水和油污。

③ 负荷运转的检查

A 检查电机是否正常;

B 检查压缩机各运转部位是否正常,并做好压缩介质的温度、压力的测量记录;

C 控制冷却水流量,检查各冷却点的温度;

D 压缩机负荷试运转前应检查、调整压缩机各控制测量仪表,保证其使用的灵敏性和可靠性;

E 检查机身油池油位应在正常范围内;

F 检查压缩机系统的气密性;

G 停机后检查压缩机各螺纹连接部位,并清洗气体管道过滤器。

④ 停机操作

A 停机通过PLC控制柜自动模式进行;

B 按下停止按钮,注意观察压缩机是否完全卸载,如无应立即检查各级自动排污阀和PLC系统。

⑤ 压缩机停机后的检查

A 填料函温度≤100 ℃;

B 检查主轴瓦、连杆大头瓦、滑道的温度应≤70 ℃;

C 检查各螺纹联结部位无松动。

⑥ 试运转时可能出现的问题及处理方法

A 出现异常声响而不能查明原因，各轴承、轴瓦、十字头滑道、电机定子温度超出许可范围，循环水压力、润滑油压力偏低，电气、仪表故障，出现这四种情况而无法排除时应停车检查；

B 如果有烟从曲轴箱上盖透气帽中冒出时，不要立即打开盖板，等冷却后再打开盖板，以免空气进入引起爆炸；

C 在操作盘车动力缸前，压缩机必须完全卸载。

(5) 系统吹扫

① 吹扫前的准备

A 压缩机空负荷试运转合格；

B 压缩机气阀及气缸阀座清洗待用；

C 吹扫空气经过的阀门按吹扫计划开启或拆除；

D 压缩机各附属容器均已清洗干净。

② 吹扫方法和介质

吹扫采用爆破式吹扫法，爆破压力为0.4~0.5 MPa(G)，吹扫介质为空气，介质压力0.5~0.6 MPa(G)。

③ 吹扫程序及要求

吹扫从一级开始。先拆下一级与二级之间的连接管道，在吹除口处用白布检查污物情况，吹扫时间不限。无铁锈、尘埃、油污等杂质后装回原位，吹扫时宜用木棒等非刚性材料敲击管道，以利杂物的排除，其余各级的吹扫和检查照此进行。吹扫结束后拆出的各级吸排气阀，检查气阀、阀孔、气缸内部及活塞上有无污物。

(6) 气路系统置换

① 氮气接入

置换用氮气可通过压缩机进气管路上的压力表接头接入压缩机工艺系统。

② 置换操作步骤

A 关闭压缩机进口阀，打开紧急切断阀，关闭压缩机出口阀。

B 各级分离器排污阀、过滤器排污阀投手动控制。

C 打开缓冲罐排污阀、各级分离器排污阀、过滤器排污阀。

D 确认系统卸压后,关闭各级分离器排污阀、过滤器排污阀。

E 手动盘车数转,无卡涩现象。

F 调整氮气瓶出口氮气压力至1 MPa,向系统供气。

G 当减压阀后压力达到1 MPa时，关闭减压阀打开过滤器排污阀卸压。

H 减压阀后压力低于0.1 MPa时关闭过滤器排污阀。

I 按操作规程规定启动压缩机。

J 缓开减压阀,同时微开过滤器排污阀,各级分离器排污阀全开,微开排污汇管球阀。

K 用氧含量分析仪在过滤器排污等处测量，各点氧含量均小于0.1%。

L 氮气置换完毕。

(7) 天然气负荷试车

为保证机组在首次投运和三保大修后,得到充分运转考核,考虑到储气井容量及压缩机排量,进行负荷试运操作。

① 负荷试运应具备的条件

A 压缩机空气负荷试运合格。

B 工艺系统氮气置换合格。

C 拖车氮气置换合格。

D 原料气已进装置,天然气干燥器已正常投运。

E 压缩机下游工艺流程已导通。

F 压缩机辅助系统检查无误，盘车检查运动机构是否有卡塞,经检查无异常情况后即可启动压缩机。

② 负荷试运操作步骤

A 关闭压缩机入口阀。

B 打开压缩机出口阀。

C 各级分离器排污阀投自动控制。

D 确认系统所有排污阀、放空阀已全部关闭。

E 注油器、水泵、风机通过PLC自启模式操作，按下启动按钮，注意监控。

F 缓慢开启压缩机入口阀，注意控制升压速度。

G 大约5分钟后逐渐关小高压放空阀使压缩机缓慢升压至5 MPa，控制高压放空阀，稳压运行8小时，运行过程中每30分钟排放一次油水分离器的积水和油污。

③ 天然气负荷运行中应注意以下事项：

A 齿轮油泵压力不低于0.4 MPa。

B 每30分钟排放一次油水分离器的积水和油污。

C 各级进排气温度、压力是否正常。

D 各运动摩擦部位温度是否正常。

E 出水温度是否太高或水量太少。

F 不得在负荷运行状态下关闭主电机。

G 运行中出现异常情况应立即泄压停车检修，检修合格后重新进行连续负荷运行。

④ 停机、停车顺序和开车相反

A 减负荷至不排气，应逐渐降低各级压力，注意不得过快。

B 打开各级油水分离器排污阀，使压缩机卸载。

C 切断电源、停止压缩机运转。

D 停止注油器电机运转。

E 关闭冷却水，如长期停用，应排除各级气缸和各级冷却器中的冷却水。

F 打扫卫生、擦净机器，并作好交班记录。

(8) 运行检查

A 压缩机在正常工作期间,各级油水分离器应定时排污。

B 调整气缸的注油量(即调节注油器每分钟油滴数),使耗油量保持在正常范围。新机器在开始运转时,为克服磨合过程中出现的严重摩擦,在刚开始运转的前500小时,润滑油应比正常运转时加倍供给;在500~1000小时之间,注油量应逐渐减少,到1000小时后可调至正常。

2. 标准加气站调压计量橇操作规程

(与加气母站相同)

3. 标准加气站天然气脱水装置操作规程

(与加气母站相同)

4. 标准加气站储气井安全操作规程

(1) 严格遵守压力容器使用要求,认真执行操作规程。

(2) 储气井进气前必须认真观察系统压力。开启进气阀时动作必须轻、缓、慢,在压力稳定后方可缓慢打开送气阀,向售气岗位送气。

(3) 严格遵守设备巡回检查制度。每4小时必须对储气井运行情况作一次巡回检查。检查的内容主要为:储气井压力、温度,安全阀、焊接以及管件阀门等连接部位,并认真作记录。

(4) 储气井必须每半月进行一次排污,排污时必须关闭进出气主阀,同时将储气井压力控制在≤5 MPa内。在打开排污针型阀和球阀时动作必须轻、缓、慢。排污完毕后必须关闭排污球阀和针型阀,之后方可进气投入运行。

(5) 储气井岗位主要控制工艺指标:压力≤25 MPa ;温度≤60 ℃。

(6) 加强与其他岗位的联系,发现问题及时向上级和有关领导反映,对违章指挥有权拒绝。

5. 标准加气站气瓶充装操作规程

(与加气子站相同)

6. 标准加气站高压配电室操作规程

(与加气母站相同)

(五)加气员现场服务“十步法”

1. 迎候引导。迎候车辆时,加气员应保持身体挺直,两手自然下垂或后背,面部表情自然亲切,站立于加气机前方靠近入口一侧,面向车辆进入方向迎候顾客。当车辆通过安全检查驶向站内时,加气员应五指并拢,抬起手臂引导车辆到加气位停泊,在5秒钟内到达车前,做到“车到人到”。

2. 微笑招呼。加气员礼貌地向客户打招呼:“师傅,您好!”、“您好,欢迎光临!”或“欢迎光临!”,等待顾客打开车盖。

3. 安装枪头。待顾客打开车盖后,加气员从加气机上枪孔内左手取下充气枪,在加气车辆上右手拔出充气嘴堵头,两手协同将枪头装入充气嘴。

4. 开启瓶口阀。加气员左手握持枪头附近枪管,保持枪头稳固,右手先开启充气管手柄到充气位置,后开启瓶口阀。

5. 打开加气开关。加气员打开加气机加气开关,在加气机数码回零后,向顾客礼貌提示:“您请看,数码已回零”,同时开始加气。加气时,加气员应站立于加气机开关附近,现场监护等候加气结束。

6. 关闭瓶口阀。加气机停止加气后,加气员左手握持枪头附近枪管,右手关闭瓶口阀。

7. 排空泄压。加气员右手关闭充气管手柄到排空位置,待排空泄压后双手协同取出枪头,左手持枪,右手安上堵头。

8. 收枪复位。加气员双手协同将充气枪轻轻放回加气机枪孔内。

9. 收款找零。加气完毕,加气员应请顾客再次确认加气数量和金额,并进行收款。收款时,要坚持“唱收唱付”,并礼貌地给顾客找零、开具加气凭证。

10. 送行。客户付款后,加气员应礼貌地与客户道别,必要时替顾客关上车门,并致道别语(“再见,欢迎再来”等)或挥手告别。送别顾客

后,如果没有下一个客户,应清理场地,等候下一位顾客的到来。暂无顾客到来时,按迎候站立动作等待顾客到来。

(六) 加气站收银操作“六步法”

1. 迎接。面带微笑,用亲切的目光注视顾客的到来,并致问候语:“您好!”。当业务较忙或因某种原因需要顾客等候时,应同时说“请稍等”等道歉语或微笑致歉。

2. 收款找零。收款时收银员应核对付油凭证,查验货币真伪,唱收唱付,并用清晰的声音向顾客重复所收金额,如:“先生,收了您50元钱”,找零时应告知顾客找零金额,如:“找您15元钱,请您收好”,并将零钱用双手礼貌交给顾客。

3. 收取支票。收取支票时,应查验支票有否折损,印鉴是否清晰、齐全,日期和用途是否符合要求,有无涂改,并登记持票人身份证等有效证件。支票到账后付油。

4. 开具发票。按顾客实际购买油品数量和单价开好发票并检查一遍,或打印电脑发票,将发票轻轻交给顾客,并说:“先生(女士……),这是您的发票,请收好。”

5. 推荐便利店商品。收银员在收款开票的同时,可以礼貌地向顾客推荐便利店的商品或润滑油。

6. 送行。顾客离开收银台时,收银员应真诚地对顾客说:“多谢光临,欢迎您下次再来”,同时应提醒顾客检查是否有东西遗留在收银台。

七 安全管理

（一） 安全禁令

1. 反违章六条禁令

规范员工安全行为，防止和杜绝违章指挥、违章操作、违反劳动纪律等“三违”现象，保障员工生命安全和企业生产经营的顺利进行。

(1) 严禁特种作业无有效操作证人员上岗操作；

(2) 严禁违反操作规程操作；

(3) 严禁无票证从事危险作业；

(4) 严禁脱岗、睡岗和酒后上岗；

(5) 严禁违反规定运输易爆物品、放射源和危险化学品；

(6) 严禁违章指挥、强令他人违章作业。

2. 加气站安全管理十大禁令

(1) 严禁在站内吸烟；

(2) 严禁在站内进行车辆检修等产生火花的作业；

(3) 严禁机动车辆在站内不熄火加气；

(4) 严禁在站内穿脱、拍打能产生静电的服装；

(5) 严禁在站内使用手机、照相机等非防爆电器；

(6) 严禁在站内就地排放易燃、易爆物料及化学危险品；

(7) 严禁在站内用汽油、易挥发溶剂擦洗设备、衣物、工具及地面等；

(8) 严禁行人、自行车在站内穿行；

(9) 严禁非本岗位操作人员操作加气机作业；

(10) 严禁驾驶员远离加气车辆。

3. 员工安全教育与培训

(1) 加强员工安全教育培训工作,增强员工的安全意识和安全防护能力,减少伤亡事故的发生。

(2) 员工必须定期接受安全教育培训,坚持先培训、后上岗的制度,未经安全培训不准上岗。改变工种或调换新的岗位须经转岗培训。

(3) 员工安全培训必须密切联系实际,坚持标准,严格考试制度,保证质量,每周进行一次岗位安全教育。

(4) 安全教育形式要多样,能生动活泼地组织职工学习安全法律法规和安全业务知识。

(5) 建立健全员工安全教育培训台账,员工历次安全培训列表登记归档备查。

(6) 安全教育培训内容要包括:安全思想教育、劳动纪律教育、安全法律法规和政策、专业安全技术知识教育等,达到提高员工安全技术水平,实现安全生产的目的。

(7) 要认真落实各项安全制度, 对员工及顾客进行安全教育,检查、监督各项安全措施的落实。

(8) 熟悉本岗位防火要求及措施,加强对消防器材的管理,严防丢失和损坏。

(9) 认真执行对当班人员进行班前、班后教育,对作业中出现的违章现象及时纠正和处理。

（二）加气站本质安全要求

1. 员工本质安全要求

(1) 严格执行反违章六条禁令和加气站安全管理十大禁令；

(2) 严格遵守岗位各项规章制度；

(3) 经过三级安全教育，考试合格后，按资质持证上岗；

(4) 正确穿戴、使用劳动防护用品；严禁佩戴妨碍操作的首饰用品作业；

(5) 禁止违章作业，对他人违章作业有义务劝阻和制止；

(6) 禁止碰撞或敲击工艺系统中的设备设施；禁止无防护情况下触摸高温或低温、高压设备设施；

(7) 严禁上班前和工作中服用任何影响精神状态的药品；熟悉应急预案和操作规程，具备正确使用应急设备和应急处理的能力；

(8) 参加岗位练兵、安全培训及其他各种安全活动；

(9) 遵守劳动纪律，不迟到、早退和脱岗、睡岗、酒后上岗；

(10) 发现危害因素和安全隐患应及时上报；

(11) 发生事故，正确处置，及时报告。

2. 现场本质安全要求

(1) 在爆炸危险区域必须使用防爆工具作业；

(2) 进入生产作业必须进行人体静电消除；

(3) 无关车辆及人员禁止进入生产作业区，禁止在生产作业区检修车辆；

(4) 禁止车辆超速出入加气站、卸车场地；

(5) 不要在爆炸危险区域穿、脱、拍打衣服和梳理头发；

(6) 在爆炸危险场所严禁使用化纤拖把和抹布；

(7) 禁止不系安全带、不戴安全帽进行高空作业；

(8) 不得随意移动、挪用消防器材；

(9) 禁止占用、堵塞消防通道；

(10) 非岗位作业人员严禁操作设备；

(11) 在暴风雷雨天气，禁止进行充装、卸车、维修、电工操作等作业。

3. 设备、设施本质安全要求

(1) 基本安全要求

① 设备、设施的安全装置和安全附件必须定期检定，确保完好；

② 设备、设施与基础的固定地脚螺栓必须完整无缺、无损；

③ 保证防雷防静电、电气保护、可燃气体报警装置和消防设施完好有效；

④ 爆炸危险区域电气设备符合防爆要求；

⑤ 设备、设施密封良好，无腐蚀、无渗漏；

⑥ 保证设备、设施安全标识清晰正确；

⑦ 危险区域和重要设备、设施必须悬挂安全标志；

⑧ 严禁设备超压、超负荷、带病运行；

⑨ 在埋地管道、电缆的上方，严禁随意进行挖掘，不得堆放重物或腐蚀性物质；

⑩ 特种设备的维修、保养必须由有资质人员进行作业。

(2) 压缩机

① 压缩机自带自动控制系统、联锁保护系统灵敏、可靠；

② 安全阀及其他安全附件完好、有效；

③ 确保压缩机前工艺管道流程正确，无跑、冒、滴、漏现象；

④ 电动机、压缩机正常良好，机组工艺气系统、润滑系统、冷却系统等管线连接紧固，密封良好无泄漏；

⑤ 空气冷却器的电机和风扇运转正常；

⑥ 分离器定期排污,液位不超高;

⑦ 系统内各种阀门开关灵活,仪器仪表灵敏;

⑧ 压缩机各级间及出口安全阀灵敏可靠;

⑨ 排污罐液位不得超高,排污管道畅通、并引至安全设备内运出站外集中处理。

(3) 脱水装置(干燥塔)

① 脱水吸附剂高效、有效;

② 再生系统自动、可靠;

③ 脱水装置仪表指示参数应在正常范围之内;

④ 干燥塔应密封良好,无泄漏;

⑤ 管线的连接紧固、密封良好,无泄漏;

⑥ 各管路阀门开关灵活,仪器仪表灵敏可靠;

⑦ 安全阀及其他安全附件完好、有效。

(4) 过滤调压装置

① 过滤器无堵塞,无渗漏;

② 压差表应准确、灵敏;

③ 阀门开关灵活,法兰连接严密无泄漏;

④ 调压装置准确灵敏,技术参数在正常调压范围之内。

(5) 储气瓶组

① 储气瓶的正常工作压力不得超过25 MPa;

② 储气瓶阀门开关灵活,连接组件、卡套无泄漏,压力表应准确、灵敏,并在有效检验期内;

③ 安全阀及其他安全附件完好、有效;

④ 气瓶组支架牢靠,固定气瓶的螺栓无松动,防雷防静电设施完好;

⑤ 安全压力下(≤2.0 MPa)排污,排污管排放口引至含油污水收集系统。

(6) 加(卸)气柱

① 智能型:带压力和温度补偿功能、优先顺序功能、各种换算功能;

② 防静电接地连线符合相关规范;

③ 压力表、流量计准确灵敏,并在有效检验期内;

④ 阀门开关灵活,无卡、堵现象;

⑤ 加气软管符合强度和气密实验规范标准,且具有导静电功能、拉断自密封功能;

⑥ 加气枪阀及枪头完好。

(7) 卸气设备

① 卸气软管符合强度和气密实验规范标准,且具有导静电功能、拉断自密封功能;

② 卸气软管连接完好;

③ 接地电线跨接完好有效;

④ 设备不产生铁器碰撞;

⑤ 阀门开关灵活,密封完好;

⑥ 放空管管路通畅,阀门开关灵活。

(三) 加气站安全管理规定

1. 站场安全管理规定

(1) 生产区指加气生产区、加气母子站、转运拖车及相关生产装置区域及警戒线内的范围。

(2) 生产区必须列为禁烟区,必须设置醒目的防火、防爆、安全警示标志,严禁带入火种,严禁堆放易燃、易爆物品或搭建简易建筑。站内有生活区的必须设置明显的隔离装置与生产区予以分开。

(3) 站场内所有设备、管网和生活用气管线,要严格按照岗位责任制要求定时巡检,巡检人员进入生产区必须穿戴防静电劳保服,佩戴安全帽和防护镜,携带可燃气体检测仪,并严格执行设备操作规程进行操作与维护。所有管线、阀件应固定牢靠,连接紧密,无泄漏。

(4) 外来参观人员需进入生产区的,必须事先办理有关手续,进行安全教育,戴好安全帽、防护镜后方可进入。进入压缩机站的外来参观人员,必须戴好安全帽、防护眼镜和耳塞后方可进入。外来参观人员必须在有关人员带领下,在指定的区域内参观。

(5) 施工作业人员进入生产区内施工作业,必须事先制定作业方案和安全措施。

经管理单位批准,进行安全教育并落实各项安全措施、办理有关手续、劳保着装后方可进站。在生产区内动火必须按动火规定制定周密的作业方案和安全措施,并按规定程序办理动火手续后方可动火。动火作业时必须按规定设专人携带必要的检测仪器进行现场监护。

(6) 抢修、维修在用设备时必须事先用可燃气体检测仪测试,动火作业必须进行氮气置换并达到要求。施工时必须使用防爆工具或采取有效措施,严禁产生火花。

(7) 工艺装置修理后必须进行氮气置换、天然气置换和试运。置换后必须进行气样分析,含氧量不大于0.5%为置换合格。

(8) 车辆因施工原因必须进入生产区的要服从管理单位的管理,并配戴防火帽在指定区域活动或停放在指定位置。

(9) 进行干线互换吹扫和分离器排污等作业时,必须严格执行有关操作规程,明确防火、防爆安全措施。

(10) 站内设备和输气管线严禁超压作业,经测试调查发现腐蚀严重的管段和设备存在故障时,应立即检修与更换,不得带病运行。站场的分离器要定期排放污水,并有具体的防冻、防火措施。

(11) 设备及其他火种附近严禁放置油料、氧气瓶、木材等易燃物,生活用气严格遵守先点火后开气的操作程序,严禁明火照明。

(12) 生产区内各种压力容器和安全附件如压力表、安全阀、液位

计等必须建立档案，严格按照国家有关规定定期校验并作好标志和记录。

(13) 站内防雷、防静电装置接地电阻测试方法及结果必须满足行业标准规范，并于每年春季和汛期前进行测试。站场工艺装置区、计量工作间的电气设备及照明符合防爆要求。

(14) 凡在加气站的爆炸危险区域和火灾危险区域内，使用各种直接或间接明火施工作业，均应按规定办理动火票手续。

(15) 动火票应经主管公司审批，报当地消防安全部门备案，作业期间，经理应亲临现场指挥，作业现场应临时增设消防器材，安全监护人员必须在场。

(16) 严格执行“四不动火”规定，即：“没有批准动火票不动火，监护人不在场不动火，防护措施不落实不动火，与动火票内容不符不动火”。动火完毕，由监护人和动火人共同对现场进行检查和清理。经防火责任人确认后，方可离开。

(17) 除经上级有关部门批准的用火点外，不得自行变更或扩大用火范围。

2. 站场、管线投产安全规定

(1) 站场、管线投产前的吹扫、试压应编制方案，制定安全技术措施。

(2) 试压介质选取原则：

① 强度试压介质宜选用水，在一、二类地区的管道可采用非可燃气体；

② 严密性试压宜选用非可燃气体。

(3) 试压过程中发现有天然气泄漏，应查明原因，制定修理方案和安全措施后，方可进行修理。

(4) 用天然气置换管段内的空气时，进气速度不超过5 m/s。

(5) 在置换出口处取样分析，当气体含氧量不大于0.5%时，即为置换合格。

(6) 放空管线要固定牢靠，放空阀要操作灵活，操作要缓开慢关。放空时放空口50米范围内应有专人警戒。

(7) 含油污水应密闭排放至储罐内，罐体及进罐管线应可靠接地。

3. 安全阀、压力表的安全使用规定

(1) 安全阀

① 安全阀要动作灵敏可靠。

② 安全阀要随时处于工作状态，安全阀下面的阀门必须处于常开状态，并进行铅封。

③ 安全阀的开启压力应在压力容器的安全使用范围内。

④ 安全阀每年必须校验定压一次，合格后打铅封方准使用，并把调试数据和铅封日期登记存档。

⑤ 运行检查时发现铅封损坏，压力容器要停止使用，重新调试定压后方准继续使用。

⑥ 压力容器大修、投产前，安全阀应重新调试定压。

(2) 压力表

① 压力表配备必须符合压力容器工艺要求的精度。

② 装在受压容器上的压力表，其最大量程(表盘的刻度极限值)应与容器的工作压力相适应。压力表的量程最好选用为容器工作压力的2倍，最小不能小于1.5倍，最大不能大于3倍。

③ 压力表的接管或截止针型阀应直接与压力容器本体相连接，并要防止压力表受到高温辐射、震动、腐蚀。

④ 压力容器的最高许用压力的警戒红线直接画在刻度盘上，不应涂画在压力表的玻璃上，以免玻璃转动产生错觉。

⑤ 表盘上的玻璃要明亮清晰，玻璃破碎或刻度不清的压力表应

停止使用。

⑥ 压力表应按照国家规定的校验周期进行校验，已超过校验期的压力表应停止使用。

⑦ 运行检查压力时，应保证压力表的可靠性，发现故障或不准确时应及时上报和送修。

⑧ 对于无泄压装置的压力表，应确保压力容器泄压归零，缓慢拆开压力表安装部位，确认无压力后，拆下压力表。

4. 天然气加压安全规定

(1) 天然气压缩机所配套的动力机应采取相应的防止和消除火花的措施。

(2) 非防爆的自控仪表箱、配电箱，应设在天然气压缩机房外，否则应设置正压通风。

(3) 天然气压缩机及其连接的管汇应接地，进口管应有防止进入空气的措施，出口管线应设单向阀，防止天然气倒流。

(4) 天然气压缩系统中设置的安全阀，应做到规格符合要求，调试准确，启闭灵敏，定期校验。

(5) 压缩机系统的安全联锁装置要能确保安全启动，故障状态下能及时停车。

(6) 压缩机正常运转期间，禁止在机撬内用火。

5. 天然气处理装置安全规定

(1) 天然气处理、废液回收的生产装置区域，应建立严格的防火制度，设置醒目的防火标志。

(2) 天然气处理的各类装置应保持良好的工作状态。各类压力容器的使用应按照《压力容器安全技术监察规程》和《压力容器使用登记管理规则》规定，建立定期的检验检测制度和齐全的技术档案资料。

(3) 设置在天然气处理装置上的安全阀，应符合设计技术要求，

定期校验。安全阀用于排放含油天然气或高温油气时,应接入放空系统。低压或小流量排放干气时,排放口应高于操作平台(或地坪)2米以上。禁止朝向15米以内有明火或散发火花的地点。安装在室内的安全阀排放管应引至室外安全地点。

(4) 天然气处理、轻烃回收装置区的加热炉要建立使用、维修的安全运行管理制度和安全操作规程。安全阀、压力表、温度计、液位计应按设计要求安装齐全,工作性能良好。

(5) 天然气处理场所的电气设备应符合防爆要求。

(6) 天然气处理装置在投产前或大修后均应进行试压、试运及置换。置换完毕应取样分析,含氧量不大于0.5%为合格。

(7) 已投用的天然气处理装置如需动火补焊,应先行放空,再经蒸气吹扫、清洗、通风换气、取样分析,可燃气体浓度应低于爆炸下限的20%。对需动火的设备、管道凡与可燃气体连通的进、出口法兰应加盲板隔离,盲板厚度不小于6 mm。

(8) 气温低于零摄氏度时,应对气水分离器、设备、管线等采取防冻措施,排除冻结,堵塞故障时严禁明火烘烤。

(四) 生产作业人员安全防火管理制度

1. 加气站经理

(1) 做好本站安全防火工作。根据《劳动法》、《中华人民共和国消防条例》及各有关法规和规定支持站内安全员开展工作。严格执行、落实"谁主管、谁负责;谁在岗、谁负责"。

(2) 应按劳动保护法规的要求确定作业场所的布置,保证各种安全防护设施、消防设施齐全、完好,操作地点保持整洁。

(3) 编制和落实年度内加气站安全防火技术措施计划。

(4) 每周主持召开一次安全例会。对发现的问题及时解决,或按规定向主管部门提出报告。例会议定的事项应有记录。

(5) 定期组织安全检查,发现问题及时整改或采取保护措施。

(6) 开展员工安全生产、防火教育和安全技术操作教育。

2. 安全员

(1) 协助加气站经理贯彻执行《劳动法》、《中华人民共和国消防条例》等有关法律、法规,并检查执行情况。

(2) 负责检查本站的《安全生产管理制度》、《安全技术操作规程》及防火的各项制度,并贯彻执行。

(3) 积极开展安全防火宣传教育、技术培训、防火演练等。

(4) 定期进行安全防火检查,督促有关部门消除事故隐患。遇有特别紧急的不安全情况时,应指令其先停止作业,并立即报告负责人处理。

(5) 做好站内灭火器材的维护保养管理工作。

(6) 负责现场一类动火的检查、监督执行情况。

(7) 参与新建、改建、扩建、革新、挖潜、改造等工程项目和引进技术、设备的设计审查和竣工验收。

(8) 参加伤亡事故、火灾事故的调查、分析、处理,负责档案的管理。

3. 班长

(1) 贯彻执行《劳动法》、《中华人民共和国消防条例》及公司安全生产法规,模范执行安全生产管理制度和安全技术操作规程,领导全班(组)开展工作。

(2) 每次接班前应结合当班实际做好交接工作。交班前应检查、总结本班次的安全生产情况,并同下一班做好交接班工作。

(3) 做好在岗巡回检查,对设备隐患负责组织及时消除,属于班(组)不能解决的,需立即报告站经理。

(4) 对员工不按规定穿戴防护用品,违规作业行为,进行批评教育并责令其纠正。巡回检查和纠正违规行为应填写记录。

(5) 组织全班(组)开展安全活动,组织安全学习。

4. 操作工

(1) 对本岗位的安全防火负直接责任。经常检查,发现异常情况,及时处理并迅速向站经理汇报。

(2) 严格遵守本岗位的技术操作规程、安全防火操作规程和各项安全防火管理规定,熟悉掌握安全防火操作技能和事故的预防、处理,不得违规操作。

(3) 有权拒绝违章作业的指令,并立即向上级汇报。

(4) 对本岗位所使用的设备,安全防护、保护设施,消防器材,必须经常检查,按期维护保养,确保设备、设施的完好。

(5) 按期进行防火演练,不断提高安全消防技能。

(6) 发生事故时,立即采取有效措施,防止事故扩大,保护好事故现场,积极抢救伤者,并尽快向上级报告。

(五) 加气站安全风险识别与控制

1. 接卸气操作

(1) 主要风险

① 车辆碰撞加气柱、损坏气阀,天然气大量泄漏。

② 静电聚集,接卸软管快速接头密封泄漏、接地夹等拉断,设备异常处理不及时造成的风险。

③ 天然气泄漏,卸车区充满天然气使操作人员缺氧。

④ 操作人员对管束车进行卸气操作时有头部碰撞槽车舱门和从踏板滑落的风险。

(2) 原因分析

① 车辆引导有误。

② 卸气操作中,静电接地不当。

③ 快速接头密封垫密封不严。

④ 管束车到位后,挡块放置不到位,产生溜车。

⑤ 卸气操作中,操作人员现场监控不到位,设备出现异常不能及时发现。

⑥ 操作人员对管束车进行卸气操作时未戴安全帽或采取安全防护措施。

⑦ 连接卸车软管接头后,未置换掉空气。

⑧ 断开卸车软管接头前,软管内残留CNG未经卸压和放空。

⑨ 卸车场地空气不流通。

(3) 安全操作要点

① 正确穿戴劳动保护用具,使用金属工具时要轻拿轻放。

② 引导管束车到指定位置后用手闸制动,并熄灭引擎,车轮应加固定块,并检查出具的气体质量保证书。

③ 确认管束车的温度、压力是否在正常值内,确认管束车气瓶无漏气。

④ 确认气相软管完好及其上的截止阀已关闭,接地装置良好,并连接好接地线,接地夹禁止装在车载气瓶卸气口附近。

⑤ 开启管束车气阀时,应先打开管束车总气阀后再依次打开分气瓶阀,避免进气总阀压力过大。而且必须站立在阀门侧面,避免正面直对。

⑥ 应缓慢开启接气柱球阀,避免一次性(猛烈)全开,以防阀门或卸气软管损坏。

⑦ 接装完毕后,保持总阀关闭,依次缓慢松开各接口上的截止阀。待所有瓶口上的截止阀全部打开,并检测无泄漏时,缓慢打开总阀。观察软管及各接口的安全情况。

⑧ 卸气过程中操作员应随时观察储气罐的压力和温度,防止储

气罐超压。

⑨ 卸气过程中若软管接头处发生泄漏，应立即关闭总阀，并缓慢打开卸气柱上的排气阀，待压力降为零时取下软管，找出泄漏原因，并采取相应措施。

⑩ 卸气结束后，由操作员拆卸输气管、静电接地线，检查无误后，方可引导车辆离开现场。

2. 管束车充装操作

(1) 主要风险

① 天然气泄漏遇火源引发火灾爆炸。

② 静电积聚遇泄漏气体引发火灾爆炸。

③ 软管连接不牢固，高压气体冲开软管接头，泄漏、爆炸、击伤人员。

④ 卸气软管未排空，强行抽枪，导致设备损坏。

⑤ 管束车压力超标。

(2) 原因分析

① 为不合格气瓶充装，造成泄漏、爆炸。

② 接头、软管连接不牢或损坏，造成泄漏。

③ 管束车辆未熄火、汽车电路未关闭进行充装，气体泄漏遇火源引发火灾爆炸。

④ 没有进行静电接地或静电没有完全释放。

⑤ 管束车超装，未留空量。

(3) 安全操作要点

① 管束车充装前应熄火、关闭汽车电路开关，刹好车，布置好挡块，驾乘人员必须下车。

② 静电接地线必须与车体、气瓶两处分别连接。

③ 再次使用卸气柱时，应先排净软管中的空气，以保证充入的天

然气纯度。

④ 充气过程中应注意观察加气阀门、接头是否有泄漏，避免因天然气泄漏引发事故。

⑤ 充气时应观察管束车压力，不得超过20 MPa。

⑥ 充装结束时，必须打开排空阀，放空软管中的高压天然气，严禁未进行放空，强行卸枪。

3. 压缩机操作

(1) 压缩机开车操作

① 主要风险

A 压缩机开车时超压、抽空。

B 压缩机机械损伤。

C 压缩机非正常停车。

D 压缩机带负荷启动。

② 原因分析

A 未按照操作流程规范作业，气体流向不正确引发超压事故、机械损伤事故。

B 油压、水压不正常易造成异常磨损，非正常停机。

C 压缩机停机时未卸气缸负荷。

③ 安全操作要点

A 开机时，按照操作流程，打通流程，确保所有阀门处于正确的状态。

B 开机前应盘车。

C 开机时应特别注意压缩机润滑油压(0.15 MPa~0.3 MPa)，冷却系统水压(0.1 MPa~0.3 MPa)是否符合工艺指标值。否则，应立即停机检查，查明原因。

D 注意“三表”的一致性。即压缩机基地控制柜、分子筛干燥器、程序控制盘三只压力表的示值应基本保持一致,防止误操作造成高压气体送不出,引发事故。

E 注意防止压缩机四(三)级排气阀和四(三)级排污阀开关不当引发超压事故。

F 注意控制排污频率,回收总管压力应控制在0.4 MPa以下,避免回收罐超压和回收计量表超压和损坏。

G 防止储气设施排污管堵塞,定时对储气设施、回收罐、油污罐进行排污操作。

H 加强巡视,注意观察,防止冷却器管程破裂导致高压气体串入水路,引发事故。

(2) 压缩机停车操作

① 主要风险

压缩机机械损伤。

② 原因分析

未按照操作流程规范作业,高压气体倒流,机身压力未泄尽停机。

(3) 安全操作要点

① 停车后应将压缩机系统压力放散,但放散时开启阀门不应过快、过猛,防止回收、排污系统超压而发生安全事故。

② 停车后,如果再生系统还需继续工作,应将冷却系统投入运行,对再生系统降温,以免造成局部过热,损坏设备。

4. 加气操作

(1) 主要风险

① 车辆碰撞加气设施。

② 静电聚集,接卸软管快速接头密封泄漏、接地夹等拉断,设备异常处理不及时造成的风险。

③ 天然气泄漏,卸车场地充满天然气使操作人员缺氧。

(2) 原因分析

① 车辆引导有误。

② 卸气操作中,静电接地不当。

③ 充装气瓶不符合充装标准。

④ 快速接头密封垫密封不严。

⑤ 卸气操作中,操作人员现场监控不到位,设备出现异常不能及时发现。

(3) 安全操作要点

① 加气员必须正确穿戴劳动保护用具。

② 车辆加气前应熄火、刹车,关闭汽车电路开关,驾乘人员下车。

③ 对改装车辆,加气前,加气员应要求驾驶员打开车辆后盖,检查气瓶是否在使用期内以及是否贴有规定的标签。通过看、听、嗅等方法检验阀门、配管是否有气体泄漏或出现其他异常情况。对非改装车辆,应要求驾驶员配合做好上述工作。

④ 加气员经过检查将加气枪与车辆加气口连接,确认牢固。严禁加气管交叉和缠绕在其他设备上。

⑤ 加气员在加气时要观察流量,CNG加气量不得超过20 MPa,严禁超压充装。

⑥ 加气作业中,加气员严禁将加气枪交给顾客操作,禁止一人操作两把加气枪,不得擅自离开正在加气的车辆。

⑦ 加气员应监督驾驶员不能使用毛刷清洁车辆或打开发动机前盖维修车辆。

⑧ 加气过程中发生气体严重泄漏时, 加气员应立即关闭车辆气瓶阀,同时按下现场紧急关闭按钮,把气体泄漏量控制在最小范围内。

⑨ 加气结束后,应按要求放好加气枪和软管,防止车辆碾压。

⑩ 在充气过程中如发现有轻微冰堵现象时, 应立即置换脱水装置,将压缩天然气的露点温度控制在-13 ℃(常压下-62 ℃)以下,保证

正常进行。

5. 电气维修作业安全操作点

(1) 主要风险

① 未穿绝缘鞋、戴绝缘手套和使用专用工具进行作业，导致触电。

② 没有悬挂警示牌和进行信息沟通,导致他人误操作造成事故。

③ 未对设备进行验电和断电确认,造成触电等事故。

④ 作业完毕后没有拆接地线,造成短路,烧毁电器设备。

⑤ 作业完毕后没有与其他岗位进行沟通,突然送电,造成他人伤害或设备损坏等事故。

(2) 安全操作要点

① 向相关岗位明确维修作业和告知注意事项；

② 作业人员要穿绝缘靴,戴绝缘手套；

③ 拉闸停电,挂警示牌；

④ 连接临时接地线,携带好专用安全工具,对设备进行验电,与中控室、各岗位人员进行沟通,确认临时接地线,断电情况完好；

⑤ 按作业计划实施作业；

⑥ 作业完毕后,拆卸接地线,与相关岗位沟通告知,合闸送电；

⑦ 检查设备各运行参数正常后摘除警示牌。

八 设备管理

(一) 设备管理办法

1. 设备管理要求

(1) 加气站生产设备管理,要满足经营需要,确保设备充分发挥功能和效能,达到设备的保值、增值,并在设备的购置、安装、使用、维护、改造、更新的过程中得到全面管控。

(2) 设备管理本着安全、实用、环保、技术进步、经济的原则进行安装、使用、保养、维护。

(3) 设备储运安全环保部门负责设备管理办法的制定、修改、完善及督促检查管理;负责设备采购计划的编制上报和设备安装、使用、维护工作的具体实施和管理工作。

2. 设备采购验收管理

(1) 设备采购

① 设备采购的受控条件:采购设备时,应熟悉所需设备的情况,评审所需设备的合理性及技术条件是否符合经济上合理，技术上先进,性能上优越,使用上配套和达到“安全、高效、低耗”的选型要求,并遵循工程建设及采购招标的相关规定。

② 设备采购的原则:

A 具有明确的法律地位和资质(如生产许可证);

B 提供的设备能够满足本公司要求;

C 具有相应的质量保证能力；

D 质量稳定，供货及时，价格合理；

E 提供良好的售后服务；

F 提供设备作业指导书、合格证及附件。

③ 设备采购的五不订货原则：

A 建设项目虽已上报，但尚未批准，或项目虽已批准，但资金不落实；

B 工期不明确；

C 选定的设备属淘汰设备，与设计标准不符合；

D 设备技术规格不全；

E 供方未经工商行政管理部门登记成为法人的。

④ 设备采购后验收：采购设备到货后，由设备保管员按照合同约定条款，对设备的名称、型号、规格、数量、技术资料及附件进行验收，并建立新设备管理台账，不符合合同要求的拒收。

(2) 设备安装、调试与验收

① 设备安装应按照设备安装指导说明书或设计图纸要求，由具有合格资质的安装人员负责安装。

② 设备的调试由设备安装人员和使用人员按照技术标准、设计标准、工艺要求进行调试运行。

③ 设备的验收由主管部门会同有关领导、技术人员、使用人员等参加，按照《设备验收规范》进行验收，并做好评审、验收记录。

④ 验收合格拟投入运行的设备，必须建立健全设备台账(卡)及设备档案。

3. 设备技术档案管理

(1) 档案资料保管

① 加气站要做好技术资料的归档档案管理。

② 压缩机、加气机等充装设备及压力管道等特种设备均应建立设备档案。

③ 充装设备的档案包括:产品合格证、质量证明书、使用维护说明文件以及安装技术文件和资料。

④ 所有设备应建立台账,设备档案应一台一档,档案中应编制目录。

⑤ 各种计划表、人员培训考核记录(教案、试卷、成绩单)、充装记录、用户意见处理反馈记录、上报资料等质量体系运行记录都应妥善保管。

⑥ 设备档案保管期限为“长期”,各种技术资料的保管期限为四年以上。

⑦ 特种设备的技术档案包括:

A 特种设备的设计文件、制造单位、产品质量合格证明、使用维护说明文件以及安装技术文件和资料。

B 特种设备的定期检验和定期自行检查记录。

C 特种设备的日常使用状况记录。

D 特种设备及其安全附件、安全保护装置、测量调控装置及有关附属仪器仪表的日常维护保养记录。

E 特种设备运行故障和事故记录。

4. 库房备件管理

(1) 备件管理

① 加气站经理要掌握备件库情况,备品、备件设专人管理。

② 备件库房需设台账,确保加气站更换备件及时准确。

③ 库房钥匙要有备份,由站经理保管。

④ 休假期间库房保管员需以书面交接形式签字交接给接替人。

(2) 备件出库管理

① 每个备件出库都要严格执行库房管理制度，由库房保管员填写出库记录并与领用人双方签字。

② 库房保管员及时拨库存转盘，按规范要求整齐有序摆放备件，必须做到账、卡、物、位四对应。

③ 每次出入库时都要及时核对帐、卡、物、位准确无误，确认签字。

(3) 备件入库管理

① 新备件入库前必须由设备管理人员和库房保管员对数量及质量进行检验确认，检验后按项填写验收单及入库单，并由验收人、库房保管员、送货人及站经理核对签字。

② 库房保管员有责任将备件摆放到规定位置。

③ 对不符合技术要求的备件，应在12小时之内以书面形式签字反馈给送货或订货方。

(4) 备件订货管理

① 库房保管员和加气站经理有责任在每月月底时对备件进行盘点、清理，并按照相关规范进行保养，并由2人分别签字填写各项记录（备件核对记录——备件台账、库存拨牌、实际清点余额要相符）。

② 按规定日期将本月备件消耗情况由库房保管员以报表形式签字上报给加气站经理，站经理签字确认后上报主管部门。

③ 对常用备件的订货，应以上一年消耗量为依据，以1个月为一个周期提出备件计划，每半年可进行临时调整。

④ 对于进货渠道则以：进口（6个月）、合资（3个月）、国产（1个月）及对备件技术及质量的要求程度进行申报和调整，对于应急备件的订购则可视情况进行特殊处理。

(5) 备件维修管理

① 库房保管员有责任逐步将非标设备及易损备件逐步测绘分类备案；

② 组织管理技术人员对压缩机运行情况定期召开备件分析会，提出应急计划，对于会议内容，应认真记录在案并签字确认。

③ 对部分需国产化加工的备件，需由技术人员进行测绘并提供相应图纸，图纸库房存档或用电脑存档，对于外委加工图纸，必须经站领导签字确认后才可执行订货。

④ 更换下来的零件，除按照相关的维修规程进行正常的维修外，必须按照使用规范进行确认。

⑤ 维修后的备件必须由相关的责任人签字确认后，方可按照入库程序重新入库，由库房保管员验收签字确认后，可投入再次使用。

5. 压力容器安全附件管理

(1) 设备储运安全环保部门负责安全附件的检查与考核。

(2) 加气母子站应建立健全《监视和测量装置台账》，并按照规定填写各项参数。

(3) 加气母子站负责所属安全附件合格证书的存档工作，并保证在用安全附件的合格标签完好无损。

(4) 加气母子站负责安全附件的使用管理和按周期执行检定及正常的更新、报废。

(5) 压力容器、管道必须按设计要求设计制作，分别装设安全阀、爆破片、压力表、液面计、温度计、呼吸阀等安全附件。

(6) 安全附件在使用过程中应加强维护和定期校验，保证安全附件齐全、灵敏、准确、可靠。

(7) 严禁使用检验不合格和无铅封的压力表、安全阀。在使用过程中，如发现压力表指示失灵、刻度不清、表盘玻璃破裂、泄压后指针不归零位、铅封损坏等情况，应立即更换。

(8) 压力表防震油应保持足量、清洁、透明。

(9) 双金属温度计应按规定日期校验，精度可靠。

6. 计量器具与仪器仪表校验制度

(1) 设备储运安全环保部门负责计量器具的检定与仪器仪表的定期校验工作。

(2) 年初应根据有关规程的规定,制定计量器具与仪器仪表的校验计划。

① 安全阀每年校验一次;

② 压力表每半年校验一次;

③ 可燃气体浓度报警仪每年校验一次;

④ 防雷、静电接地每月检测一次。

(3) 计量器具的检定与仪器仪表的定期校验工作应由具有相应资质的单位进行。

(4) 检定(校验)标签(或铅封)应粘贴(或拴挂)安装或粘贴牢固并加以保护,防止丢失或损坏。

(5) 校验合格的安全阀和检定后的压力表安装后,如其下部安装有阀门或旋塞时,一定要打开其下面的阀门或旋塞。

7. 不合格长管拖车处理制度

(1) 长管拖车无缝钢瓶报废条件

① 瓶肩、瓶身或瓶底出现可见膨胀的;

② 瓶身呈现可见波浪现象的;

③ 瓶体遭受火烧致使局部或全部过烧或烧结的;

④ 瓶体受到严重撞击造成变形的;

⑤ 瓶体受到电弧伤或气焊伤的;

⑥ 瓶体经过焊补的;

⑦ 瓶体焊有附加金属的;

⑧ 瓶体有用电弧点焊记号或号码的;

⑨ 用焊接法装配颈圈或底座的;

⑩ 瓶身直线度超过瓶体长度0.2%，圆度允差超过该截面平均外径2%的；

⑪ 瓶体音响不正常；

⑫ 面腐蚀：大面积的线状或密集的点腐蚀；

⑬ 瓶口螺纹壁有裂纹的；

⑭ 瓶口因偏心造成瓶颈壁厚小于7.2 mm，螺纹呈尖牙或偏扣的；

⑮ 瓶底凹坑超过2 mm的；

⑯ 在试验压力下，瓶体发生异常膨胀的；

⑰ 试验压力下，瓶体出现裂纹、渗水或冒水珠的。

(2) 长管拖车无缝钢瓶的报废处理

① 由气瓶检验员出具《气瓶报废通知书》；

② 将《气瓶报废通知书》与长管拖车一并交主管部门负责处理。

(二) 设备维护保养

1. 设备维护保养要求

(1) 精心维护，定期保养，使设备达到“一准，二灵，三清，四无，五不漏”的要求。

① 一准：计量调压装置、测量仪表准确无误。

② 二灵：各类阀门、电气开关、报警装置使用正常。

③ 三清：资料记录、仪表、工具清洁。

④ 四无：无腐蚀、无油污、无杂草、无缺陷。

⑤ 五不漏：不漏油、不漏电、不漏气、不漏脂、不漏水。

(2) 采用定人定岗、定机、定位办法，严格按照“十二字作业法”的要求维护、保养压缩机、售气机等设备，做到设备管理“四个一样”。

① 十二字作业法：清洁、润滑、坚固、调整、防腐、密封。

② 四个一样：室外设备管理与室内设备管理一样好；小设备管理与大设备管理一样好；上面设备与下面设备管理一样好；备用设备与

在用设备管理一样好。

2. 设备定期维护保养程序

(1) 站场设备每天清洁一次,每周检查一次,两年内全面除锈刷漆一次。

(2) 严格按照规程要求保养压缩机。

(3) 各种阀门每月活动一次,并按规定添加润滑剂;计量装置的取压部件及管路每月清洗排污一次;安全阀每年校验一次。

(4) 储气瓶组每天排污一次;每年校验干燥器水露点传感器,定期更换过滤器滤芯和分子筛。

(5) 每年校验压力表、压力传感器、温度表、热电偶、热电阻一次。

(6) 高压配电室、低压配电室、控制柜电器、自动控制设备定期除尘、清洁。

(7) 所有设备的维护保养及校验结果记录、归档保存。

3. 设备年度保养计划内容

(1) 检查、调整固定螺栓和连接螺栓。

(2) 电气仪表端子紧固。

(3) 压缩机各级缸过滤器滤芯更换。

(4) 压缩机润滑油过滤器滤芯更换。

(5) 压缩机主电机加黄油。

(6) 压缩机曲轴箱换润滑油。

(7) 检查压缩机曲轴箱所有部件是否有磨损、松动。

(8) 检查罗茨风机的联轴器。

(9) 对所有压缩机的活塞、活塞环、缸体进行检查,根据磨损情况更换。

(10) 对所有有冷却系统的设备进行清洗或清理。

(三) 设备检修管理

1. 设备检修管理与装配规定

(1) 设备检修是指设备由于经过较长时间的使用和因事故造成某些关键部位损坏,必须安排较长停产时间的周期性的彻底检查和恢复修理。一般以有关的技术标准做必要条件,以经济性(即检修费应小于同类设备价值与旧设备劣化损失和残值之差,否则应考虑更新)为充分条件。

(2) 设备检修工作应贯彻“预防为主”和“维修按时,修理按需”的原则。根据不同设备的特点,采取不同的修理方法,如经济维修制,预防维修制,并根据作业情况,要尽可能采用现代化故障诊断和状态监测技术为基础的维修方式。

(3) 设备检修前的准备工作,一般要达到“六落实”,即:计划项目落实,设计图纸落实,器材落实,劳动力落实,施工机具落实,安全措施落实。

(4) 建立设备使用部门和设备检修部门的验收和交接制度,设备检修要坚持“不合质量标准不交工,没有检修记录不交工,安全卫生防护措施不好不交工”的三不交工原则。设备承修单位对合用部门承担修理质量责任。

(5) 较大的检修施工,应由加气站主管部门牵头临时组织工务、发包等部门有关人员,成立质量检评小组。负责检修选题的检验评定和有关技术资料的搜集、整理和保存。

(6) 设备报废主要根据其他作业技术要求、安全和经济效益确定,其主要报废原则:

① 经过预测,继续大修后技术性能仍不能满足工艺要求和保证产品质量的;

② 设备老化,技术性能落后,能耗高,效率低,经济效益差的;

③ 大修虽能恢复精度,但不如更新经济的;

④ 严重污染环境,危害人身安全和健康,进行改造又不经济的;

⑤ 其他应淘汰的。

2. 设备装配的通用规定

(1) 装配前应了解设备的结构、装配技术要求。对新要装配的零部件配合尺寸、相关精度、配合面、滑动面进行复查和清洗处理,并应按照标记及装配顺序进行装配。

(2) 当进行清洗处理时,应按具体情况及清洗处理方法前先要采用相应的劳动保护和防火、防毒、防爆等安全措施。

(3) 设备及零件、部件表面当有锈蚀时,应及时进行除锈处理。

3. 电机大检修周期

(1) 新安装电动机的参考大检修周期:运行一年后进行一次大修。

(2) 正常运行电动机的参考大修周期一般为3~5年或运行3000小时即应大检修。

(3) 当发现下列情况之一时,应及时进行大修或做对症检修:

① 当电网和负载情况都正常,但电动机输出功率达不到铭牌额定功率。

② 机壳、端壳、接线盒底脚等外部铸件开裂。

③ 电动机某一部件升温超过允许值。

④ 电动机双幅振动超过允许值。

⑤ 轴承间隙超过允许值。

⑥ 电动机因本身绝缘劣化,导制绝缘电阻值下降到额定电压1 MΩ (75 ℃)以下。

注:应排除单纯性受潮导致绝缘电阻值下降的可能性。

⑦ 绕组的直流电阻值误差大于2%。

⑧ 绕组绝缘有脱落、发脆、碰伤、露铜现象。

⑨ 交流耐压试验不合格。

4. 压缩机检修项目及质量标准

(1) 检修内容

① 检查更换压缩机各级进排气阀片,清理各级缸腔;

② 检查活塞、活塞杆等的磨损情况,清理积垢;

③ 更换压缩机各级活塞环和填料密封,清理积垢;

④ 检查压缩机曲轴、轴瓦和轴承磨损情况,必要时进行更换,清理曲轴箱、柱塞泵油箱;

⑤ 检查压缩机各部位电气仪表及连锁控制系统;

⑥ 检查压缩机工作状况是否正常;

⑦ 检查、保养压缩机主电机、冷却风扇电机、预润滑油泵电机;

⑧ 处理在大修维护中发生的各种不可预见的问题，并及时进行修理排除。

(2) 检修程序

① 工具材料准备

A 工具:百分表、游标卡尺、千分尺、兆欧表、接地表、长柄塞尺、压缩机维修专用工具一套、英制开口扳手一套、英制套筒扳手一套。

B 材料:各级过滤器滤芯、"O"型圈、缸盖密封垫、排气阀及同心阀阀片、活塞环及刮油环组件、活塞杆密封填料组、压力表、安全阀、润滑油。

② 检修实施

A 在大修前首先关闭卸气柱到压缩机撬体的阀门,关闭联合过滤器后主管路;打开回收罐排污阀、冷却风扇上的针阀、球阀,将压缩机内的天然气排空,然后断电;并对关键阀门、开关设置警示标识。

B 检修主电机、冷却风扇电机、预润滑电机:

a) 打开电缆和电线接线盒,对接点进行检查,确保连接良好,绝缘完好;

b) 在空载情况下盘车, 检查轴承的损耗情况, 以及主轴是否晃动;

c) 通过加注孔对电机加注润滑脂。

d) 清洗主电机轴承,检查电机轴承框动情况,必要时对电机轴承进行更换。

e) 检查更换压缩机各级进排气阀、各级活塞环和填料密封,操作流程提示:

打开各进排气阀阀盖,用装卸阀专用工具将阀取出;

检查阀门的磨损情况,并检查是否回漏、密封不严,按照设备要求须进行更换;

转动联轴器,用塞尺测量压缩机各级间隙,并记录;

拆除一、二级上的天然气管路,将压缩机二级缸取下,将二级的一体阀取出;

拆下压缩机侧盖,将固定活塞杆的螺母用专用工具取下,然后用专用工具将活塞杆轻轻转动取出;

将填料盒上的管路取下,取下固定螺栓,将填料盒取出;

根据图纸要求顺序,将刮油环、密封环装入填料盒内,安装完毕后,将填料盒装入压缩机内,将活塞杆轻轻推入(小心螺纹损伤),然后将活塞环装在活塞杆上(注意活塞环的相对位置),用专用工具将活塞杆轻轻旋入,用塞尺测量间隙,保证原有间隙,然后将锁定螺母紧固;

将压缩机气缸装上,压缩机进排气阀门安装好后,用扭矩扳手将阀盖、缸与缸之间的固定螺栓等按相应扭矩固定到位;

安全阀校验完毕后,将安全阀按相应位置重新装好,将所有拆卸的管路、盖板复位;

拆开压缩机曲轴箱盖,盘动联轴器,检查压缩机曲轴和轴承是否

有松动现象、所有螺栓是否牢固。

③ 检查、验收、试车

A 打开天然气入口阀门通入天然气进行置换，关闭压缩机管路排空针阀，然后接通电源启动压缩机；

B 确认盘车过程顺畅平滑；

C 确认工作流程正确后，给回收罐给压大于250 Psi小于500 Psi；

D 确认仪表风压力大于75 Psi；

E 确认曲轴箱油位位于2/3处；

F 确认压缩机内无工具等杂物；

G 手动预润滑泵，直到油路畅通；

H 由应急中心维修工试起压缩机；

I 确认压缩机各参数正常；

J 润滑油量调节至30秒/滴；

K 压缩机正常起停六次后由站长和操作工验收；

L 开车后认真观察各项参数是否符合技术要求并做好记录。

(四) 设备事故管理

1. 设备事故管理

(1) 设备储运安全环保部门为本标准的归口管理部门，负责本标准的制(修)订及执行情况的检查与考核。

(2) 设备储运安全环保部门是CNG加气站设备事故的主管部门，负责设备事故的调查、统计、报告并提出处理意见。

2. 设备事故报告

(1) 发生设备事故后，事故当事人或发现人应立即向加气母子站设备管理人员或值班站长报告，事故单位应立即采取紧急措施，防止事故扩大，同时应立即将事故的具体情况报总值班室和设备储运安全环保部门,以便及时协调处理和进行调查。

(2) 发生设备事故后，事故加气站应在事故发生后2周内将设备事故报告一式三份上报设备储运安全环保部门(报告中要说明事故时间、地点、主要原因及经过、事故的主要责任者、经济损失、处理意见和今后的安全防范措施),设备储运安全环保部门会签备案后,一份返回事故加气站,另二份留设备储运安全环保部门存档。同时事故加气站在当月的安全管理指标月报表中也必须如实反映出事故情况。

3. 设备事故调查

(1) 事故由设备储运安全环保部门根据事故管理规定组织调查和处理并备案。一般事故以上级别的设备事故调查由公司主管设备的领导组织设备储运安全环保部门和有关部门参加,并请上级主管部门派人参加。

(2) 事故调查部门有权向事故加气站和有关人员了解事故的有关情况和索取有关资料,任何加气站和个人不得拒绝。在事故调查结束前,事故加气站有责任保护好现场及相关记录和资料,重大和特大设备事故,要对损坏设备和事故现场拍照备案。

4. 设备事故处理

(1) 设备事故发生后应遵循四不放过原则(事故原因不清楚不放过、事故责任者和群众没有受到教育不放过、没有防范措施不放过、事故责任者没有受到处理不放过)，查清事故发生的原因，提出防范措施,确定修复方案。

(2) 设备事故加气站要根据设备损坏程度、事故性质和经济损失情况,认真分析,严肃处理,并填写设备事故登记表上报设备储运安全环保部门备案,原始记录存入设备事故档案。

(3) 发生任何设备事故及未遂设备事故都必须严肃认真对待,要认真填写记录、登记,按要求分级上报。如有隐瞒不报和过期不报,查

出后要严肃处理。

(4) 对违反安全生产制度和设备管理规定、不遵守设备运行操作规程、工作不负责造成事故者，视其情节轻重与损失大小，分别给予批评教育，纪律处分，经济制裁直至追究刑事责任。

(5) 在生产过程中发生重大事故隐患必须及时处理，以避免重大事故的发生。对明知设备存在隐患、带病运行又不采取积极措施而造成设备事故的主要责任者要严肃处理。对及时发现重大设备事故隐患并予以排除和在事故抢救中有突出贡献者，给予表彰、奖励或记功。

九 电气管理

(一) 电气设备防爆管理规定

1. 加气站应当按照防爆安全要求划分爆炸危险场所,建立防爆电气设备检查、保养、检修制度,并在压缩区、储气区、卸气区、加气区等明显位置,设置“爆炸危险场所”标志牌。防爆电气设备的安装、接线、专业性检修必须由经过防爆技术培训档案(设备安装、试车、运行、检修、防爆降级、报废),统一分类编号,实行专人管理。

2. 固定电气设备必须安装稳固,移动防爆灯等电气设备必须放置牢靠,防止外力碰撞、损伤。

3. 加气站应当每月检查保养防爆电器设备,并符合下列要求:

(1) 防爆电气设备整洁,部件齐全紧固,无松动、无损伤、无机械变形,场所清洁、无杂物和易燃物品;

(2) 电缆进线装置密封可靠,空余接线孔封闭符合要求(密封钢板厚度不小于2毫米);

(3) 设备保护、联锁、检测、报警、接地等装置齐全完整;

(4) 防爆灯具的防爆结构、保护罩保持完整;

(5) 接地端子接触良好,无松动、无折断、无腐蚀,铠装电缆的外绕钢带无断裂。

(二) 电气设备安全管理

1. 电气设备的运行维护

(1) 值班制度。对运行中的电气设备应设有专人或兼职人员值班,其职责是监视电气设备的运行参数,如电压、电流、温度、声音等,使其在设计规定的条件下运行。

(2) 运行记录制度。值班人员每天将有关运行参数和发生的变化及时间记录下来,作为设备运行及事故分析、处理的依据。

(3) 建立专门机构,整理、分析运行资料,及时掌握设备运行状况,为设备的定期维护和检修提供技术数据。

2. 电气设备的技术监督

(1) 绝缘监督。是指严密监视电气设备的绝缘状况,并定期进行预防性试验和各种检查。

(2) 继电保护监督。断电保护装置是保证电气设备安全的自动装置。当发生事故时,能迅速、自动将事故切除,把设备损坏或停电范围控制到最小。一般继电保护装置每1~2年要校验其整定值和进行动作跳闸试验,验证其可靠性。

(3) 仪表监督。它能直接反映出电气设备在运行中的各种参数,对正确掌握电气设备运行状况极为重要。选用的表规格要合适,同相应的互感器变比要一致,在正常运行中的最小指示值不小于刻度的1/3,最大指示数不大于表面刻度的4/5为好。

(4) 符合设计规范的监督

① 变配电间的门窗应向外开。其门窗应设在压缩区、储气区的爆炸危险区域以外,如窗设在爆炸危险区域以内,应设密闭固定窗;

② 加气站主要作业场所的配电电缆应采用铜芯电缆,并宜采用直埋或电缆沟充砂敷设。直埋电缆的埋设深度,一般地段不应小于0.7

m,在耕种地段不宜小于1.0 m,在岩石非耕地段不应小于0.5 m。

③ 电缆不得与天然气管道、热力管道同沟敷设。

3. 电气设备的重点技术检查

(1) 每年在雷雨季节到来之前应进行防雷接地电阻值的测试,重点检查防雷设施、接地装置、设备绝缘等。

(2) 夏季到来之前应进行降温、防风、防雨、防汛等检查,重点检查设备是否过负荷、导线有无缺陷、配电装置的防水等设施。

(3) 及时做好防冻、防风、防小动物的检查。

4. 电气设备检修

(1) 电气设备检修分两种,即计划检修和非计划检修。

(2) 设备的计划检修一般又分为小修和大修两种。

5. 备品备件

备品备件储备范围一般是:

(1) 在正常运行情况易损坏或老化,在检修中一般需更换的零部件。

(2) 影响正常运行或设备安全的零部件。

(3) 零部件损坏后,不容易买到和不容易修复的零部件。

(4) 为缩短检修时备用的轮换部件。

6. 电气设备试验

(1) 非破坏性电气绝缘试验,是指在较低的试验电压下或用其他不会损伤绝缘的办法来测量各种特性,从而判断设备内部缺陷。

(2) 破坏性试验电气绝缘试验,即耐压试验,一些危险性较大的集中缺陷一般通过耐压试验都能发现。耐压试验有交、直流两种。

(3) 特性试验,通常把绝缘试验以外的试验统称为特性试验。

(三) 电气设备检修管理规定

1. 电气设备检修

加气站每两年对防爆电气设备进行一次专业检修,检修主要包括下列内容:

(1) 清除设备灰尘、污垢和其他杂物,并对锈蚀处进行防腐处理;

(2) 更换或者修理易损零部件和紧固件;

(3) 测试电机、电器和线路的绝缘电阻值,检查接地线并测试电阻值;

(4) 补充或者更换设备润滑部位的润滑脂(油);

(5) 检查设备进出线口,更换损伤变形或者老化变质的密封圈;

(6) 更换不合格电机轴承;

(7) 检查隔爆面,测量并调整隔爆间隙值;

(8) 更换不合格的电缆和配线钢管;

(9) 更换已失灵或者报废的开关、按钮等防爆器件。

专业维护检查必须由防爆电气专职维护人员进行,难度较大的检修项目,可以请有资质的维修单位检修。

2. 电气设备检修注意事项

(1) 日常检查中严禁打开设备的密封盒、接线盒、进线装置、隔离密封盒和观察窗等;

(2) 在爆炸危险场所,禁止带电检修电气设备、线路、拆装防爆灯具和更换防爆灯泡、灯管;

(3) 应及时在断电处悬挂警告牌;

(4) 在爆炸危险场所使用非防爆测试仪表和非防爆工具,必须采取通风措施,使可燃气体浓度低于爆炸下限的40%;

(5) 禁止用水冲洗防爆电气设备;

(6) 检修现场的电源电缆线头应当进行防爆处理；

(7) 检修带有电容、电感、油气探测头等储能元件的防爆设备，必须按照规定放尽能量后方可作业；

(8) 检修过程中不得损伤防爆设备的隔爆面；

(9) 紧固螺栓不得任意调换或者缺少；

(10) 详细记录检修项目、内容、测试结果、零部件更换、缺陷处理等情况，并归档保存。

① 在设备检修、维修时Ⅰ、Ⅱ类手持电动工具、Ⅰ类移动式电气设备、所有插座回路和低压配电柜、开关等均必须安装漏电保护器。

② 所有有触电危险的场所均应设置警示标志。

③ 加强管理，严格执行持证上岗制度。

④ 加气站内不得随意装接临时电气线路。电气线路应进行定期断电检修。

⑤ 加气站营业室、休息室等场所禁止使用电炉等易引起火灾的电器。

(四) 防雷电、静电措施

1. 防雷电措施

(1) 加气站内的罩棚、营业房、加气机和工艺管道，在建造时均需要有可靠的静电接地，接地电阻不大于10 Ω，以防止直接雷击。要定期检查加气机的静电接地，保持其完好有效。

(2) 在高强电闪和雷击频繁时，应停止卸气和加气作业，必要时切断电源，以防不测。待雷击过后，再恢复正常作业。

(3) 在雷雨季节来临前，应对一些设备和装置进行一次检查，发现问题应及时整改，保证避雷设施处于完好的状态。同时，要注意收听天气预报，事先做好各项防范工作。

(4) 每年要做到不少于两次的防雷接地检测。对静电接地电阻大

于10 Ω的，要及时予以处理，保证接地电阻在10 Ω以下。

2. 防静电措施

(1) 压缩天然气的管线和储存、装卸设备，都必须有良好的接地装置。储气瓶组的接地极不应少于二组。静电接地电阻不应大于10 Ω（包括静电及安全接地），并应经常检查静电接地装置技术状况和测试接地电阻。

(2) 向储气瓶组充气和泄气时，要先接好接地线，再进行操作。

(3) 在空气特别干燥且温度较高的季节，尤其应注意检查接地设备，适当放慢装卸速度，必要时可在作业场地和导静电接地及周围浇水。

(4) 所有维护、操作人员均不得穿着化纤服装（经鉴定的防静电工作服除外）。

(5) 加气站员工的工作服装应采用防静电布制造，若无防静电布时，应用纯棉布代替。因为在同样条件下，棉布服装产生的静电量少，且棉布易吸湿，有利于导走静电。

提示：穿着化纤服装从事加气工作是非常危险的，因为化纤织物在摩擦时容易产生静电火花，给禁火区的安全生产带来危险；而且在发生火灾爆炸事故时化纤织物在高温下呈黏糊状，并黏附皮肤，会加重烧伤伤势，不利于伤员抢救。所以加气站操作人员禁止穿戴化纤服装上岗。

十　加气站常见故障诊断和排除

进口CNG加气子站的主要设备，撬装式压缩机站和售气机，都是机电一体化设备。自动化程度高，工作安全可靠。这类设备一般都没有设置手动操作系统，一旦出现故障，哪怕是很小的故障，都可能引起系统的保护性自动停机，而无法手动启动。液压加气子站和标准加气站的同类型设备的诊断和排除也是如此。只有熟练地掌握这些设备的故障诊断和排除技术，才能及时排故，使设备恢复生产，确保加气站正常运营。

（一）压缩机润滑系统

润滑系统出现故障，会给压缩机造成比较大的损坏，所以为了安全起见，控制系统都要让压缩机自动停机，并显示相应的故障代号或故障位置。常见的故障可能有以下几种情况。

1. 润滑油位过低

油位传感器(开关)位置过高。当油位过低的故障代码出现时，观察压缩机端面的玻璃视窗中的油位是否在中线以上，否则应将油位开关的安装位置予以调整。如果确实缺油，应及时补充。要注意油位应不低于中线。

2. 润滑系统油压过低

(1) 油过滤器过脏，堵塞油路，压降增大，会使后续的管路油压降

低,应检查清理油过滤器或更换油过滤器元件。

(2) 油路系统漏油时油压必然降低，检查管路接头是否有漏油现象。

(3) 管路油压传感器失灵会产生虚假信息,检查压力传感器有无故障。

(4) 压力调节器调整不当,也会造成油压降低,应检查和调节油压调节器的位置。

(5) 润滑油系统柱塞油泵工作不正常,油压肯定降低,检查柱塞油泵。

(6) 如果在启动过程中出现油压低的故障信号而不能启动时,若在冬天有可能因温度低油黏度高,短时间内油压达不到所致,可多启动几次就可恢复正常,或者由技术人员将预润滑泵延时工作时间设置适当加长即可。

3. 气缸润滑系统缺油

(1) 无油流动传感器失灵往往产生错误信号,应首先检查或更换(大多情况是固化在壳体内的电池耗尽，并不像厂商允诺的工作寿命6~10年,经常几个月就没电了)。更换时应将整个总成全部换掉,否则仍然可以出现问题。如果身边暂时没有备件,在确保系统并不缺油的前提下,为了不停机影响生产,亦可采取两种临时办法,修改控制软件使计算机不再监测该信号，或者将传感器输出的两根信号线短接即可。注意,这只能解决燃眉之急,其间必须经常用其他方法监测油路。

(2) 柱塞泵出现故障,无法向系统供油,应及时检查维修或更换。

(3) 润滑油分配器滑阀卡死。一般是由润滑油中的杂质引起的，不仅要将分配器分解清洗，还要进一步查清润滑油不干净的原因,比如油过滤器过脏或破损,应该立即清洗或更换润滑油过滤器滤芯。

(4) 安全爆破片破裂。这是由于管路油压过高引起的,可先检查

润滑油分配器几个油输出口是否有油,若无油就可能是分配器中的滑阀卡死,引起管路油压升高。将分配器分解清洗并更换爆破片后就可恢复正常。

(5) 单向阀卡死打不开或者油箱出油口有杂物堵塞,使柱塞泵吸不上油,检查维修相关部位。

4. 润滑油温过高

(1) 油冷却器内被杂物堵塞,冷却效率降低。检查并予以清除。

(2) 油路中机械式冷热转换阀(有些称静热力阀)故障使润滑油无法经过油冷却器降温。检查维修或更换转换阀。

(3) 过滤器过脏堵塞后使油流不畅, 阻力增加发热使油温上升。应清理或更换油过滤器滤芯。

(4) 润滑油过脏或黏度过高,使摩擦面容易发热,且带走热量降低温度的效果变差。应更换合适的润滑油。

5. 预润滑系统故障

(1) 油压降低的主要原因是润滑油黏度过低或者夏季应用了冬季润滑油。应更换黏度较高的润滑油。

(2) 预润滑泵磨损、啮合间隙或端面间隙增大、漏油等故障也可使油压降低。应予检修或更换。

(3) 预润滑泵电机运转不正常,如不容易启动,或者运转一会儿又不转了。预润滑泵电机大多选用110 V/220 V单相电机。当频率为60 Hz(我国标准为50 Hz)且功率的选择刚好为临界状态,若负载略有增加,电机达不到额定转速,启动绕组分离不开,使转矩降低而不能启动,甚至把绕组烧坏。我们曾遇到同样的电机和预润滑泵,同样的润滑油牌号和油压设定,有些加气站可正常运行,有些难于启动。估计是电压和其他因素略有不同所引起的。这种情况多发生在压缩机站调试时。解决的办法是更换频率为50 Hz功率稍大的电机即可。

(二) 压缩机进排气系统

1. 进气压力过低

(1) 输气管道的压力过低,尤其是加气站从城市管网的中压管道取气,在用气高峰时容易出现这种情况。

(2) 进站管道的气压高于设备的最低进气压力时,压缩机就不能启动。因为压缩机的进气压力的设定,是由压缩机一级入口处的传感器检测的。其前面的脱水干燥器,还有大约0.03 MPa~0.07 MPa的压降。尽管进站输气管道的气压还未到设定的进气压力的下限,但压缩机入口气压已到下限,所以压缩机保护停机。

(3) 出现这种情况时,可通过3种办法解决。如果压力低得不多,且是临时性的,可以通过计算机将进气压力下限值略调低一些,等压力恢复后再调回来;如果是经常性的,可以将加收罐的反馈调压器的压力适当调高一些,这应由有一定经验的人员进行,否则会引起其他故障;如果储气瓶组的压力较高,仍可给气车加气,则等进口压力上升后再开机。

2. 进气压力过高

(1) 首选检查压缩机一级进气压力表(一般设在撬装箱体外壁)读数是否超过最高进气压力。这种情况不多见,因为压缩机选型时已经考虑并允许管网的最高压力,如0.3 MPa。如果偶然超过0.3 MPa,但只要不超过控制设定的最高限,如0.48 MPa,短时间运行是没有问题的,可以不管。超过最高限,压缩机会自动停机,等待管网压力的降低。如果长期超限就必须在进站管线中增加调压器。

(2) 检查回收罐反馈压力调节器的设置是否正常(一般约高于压缩机一级进气压力3%),否则应将该反馈压力适当调低。

3. 排气压力过低

(1) 检查进气压力是否过低。过低的进气压力会使压缩机达到额定排气压力的时间加长,而且后两级气缸的温升明显增加。

(2) 检查是否有泄漏,排除所管路系统的严重泄漏是造成排气压力过低的常见故障。

(3) 检查压缩机进排气阀。进气阀关闭不严,会使进气量减少,压力降低,最终的排气压力必然降低或使压缩时间延长;排气阀关闭不严,会使压缩气体在进气冲程时返回气缸,减少了气量,也降低了排气压力。

(4) 检查进气是否有堵塞。进气管路的堵塞,增加了压降,减少了进气量。

(5) 清理/更换过滤器芯子,以减少过滤器中的压降。

(6) 回收罐的气动放泄球阀关闭不严。这将使压缩机排出的气体经过滤器不断进入回收罐,排气管路的压力自然降低。主要原因是气动执行器和球阀之间的转动拔叉间隙过大,关不到位。将位置调正关紧固后即可正常。

4. 排气压力过高

(1) 检查压缩机的阀。如果出现在中间级,有可能是下一级进气阀开度不够、卡死或者排气阀打不开。

(2) 检查排气管路中是否有堵塞。如果中间级压力高,估计是过滤器堵塞。如果是最终排气压力高,则应检查管路中的过滤器是否过脏,单向阀、限压阀是否失效,尤其是手动球阀往往维修后容易忘记打开。

(3) 监测控制系统失灵。最终排气压力达到设定值时(一般为25 MPa)控制系统就会发出停机指令,如果控制系统失灵,例如压力传感器等元器件失效,就会使排气压力一直上升。

5. 排气量减小

(1) 检查是否有泄漏。一是外泄漏，主要检查主气路上各个阀门(尤其是安全阀)和管接头处是否有较大的泄漏。

(2) 压缩机阀门关不严。如果某一级进气阀关不严，活塞压缩时气体就可能通过该进气口返回到上一级，使排气量减少。

(3) 检查进气压力是否过低。这种情况多是在用气高峰，城市输气管网压力降低引起的，等输气压力恢复后，就会正常。

(4) 检查电机转速是否正常。和压缩机直联的电机多为异步电机，转速降低的可能性不大。

(5) 如果电机和压缩机是通过皮带传动，则要检查皮带是否松动，影响了压缩机的转速，适当调整皮带涨紧装置。

6. 排气温度过高

(1) 检查压缩机阀是否失灵。压缩机阀开启不够，使气体流动阻力增大，流速增高，排气温度自然要升高。

(2) 检查冷却风扇。如果冷却风扇是通过皮带传动，应检查风扇皮带是否太松，或者皮带断裂，使风扇转速下降甚至停转，排气温度必然升高。

(3) 检查冷却器的散热片。这种情况多是散热器被灰尘堵塞，冷却效果降低所致。

7. 输出气体带油过多

(1) 清理或更换级间和最后一级凝聚式过滤器。过滤器过脏或者破损使过滤器失败，含油气体未经严格过滤而排出。

(2) 检查废液自动排放过程是否正常。系统正常工作时，凝聚在过滤器下部的重烃和油的混合物会定时自动排放到回收罐中。否则，这些废油就会滞留在过滤器中，当液位高过滤芯时，必然被气体带出。

(3) 检查气缸润滑系统的注油速率。气缸中的润滑油增加超标，使气体中所携带的油量超过了过滤器的额定容量，最终排出的气体中所带的油量也必然超标。

8. 回收罐压力过高

(1) 检查泄压排放阀是否关闭不严。按照预先设定，该泄压排放阀60 min打开一次，每次打开15 s。如果该阀关不严，压缩机排出的压缩气体就会不断的排进回收罐，使压力升高。常见的故障现象是，连接球阀的转轴与气动执行器的固定螺钉松动，造成球阀关闭不到位。

(2) 检查回收罐排气调节器的设备。这个调压器的压力设置一般是稍高于进气压力，若调得过高就会引起回收罐的压力升高。

(3) 确认液位开关工作正常、回收罐排液正常。如果排液管道堵塞，或者不能定时打开排放阀放掉废液，设备液位开关失灵，都会使回收罐压力升高。

(4) 如果停机后，主进气阀关闭不严，压缩机气缸中所留下的气体(高于进气压力)也会通过回收管路返回，进入回收罐使压力升高(同于主进气阀前的主管路中有单向阀，所以不会返回进气管路)。

(三) 安全放散系统

1. 级间安全阀动作

(1) 下一级气缸进气阀开度不够或卡死打不开，必使该回路压力上升，以至超过安全阀的起跳压力。所以应首先检查该级进气阀门是否有故障。

(2) 下一级进气管路中的过滤器太脏，使管路堵塞压力升高。应定期清洗过滤器。

(3) 过滤器下的排液管路和单向阀不通畅，使过滤器下部液位升高，也可能污染滤芯。应拆开检查，必要时更换单向阀。

(4) 回收罐旁的泄压排放阀没有定时打开，或打开时间太短,也会出现上述故障。

2. 末级安全阀动作

(1) 主气路通向充气回路的手动球阀未打开,致使末级管路压力升高。这种情况多发生在系统检修后,忘记打开阀门。

(2) 末级过滤器太脏使管路堵塞,压力升高。应定期清洗过滤器。

(3) 过滤器下的排液管路和单向阀不通畅,使过滤器下部液位升高,也可能污染滤芯。应拆开检查,必要时更换单向阀。

(4) 回收罐旁的泄压排放阀没有定时打开，或打开时间太短,也会出现上述故障。

3. 回收罐安全阀动作

(1) 主气路到充气回路之间的单向阀关闭不严,致使停机时低压气瓶组的高压气体回流到回收罐中引起超压,使安全阀起跳释压。

(2) 压缩机运行中,通向回收罐的泄压排放阀闭不严,大量压缩气体进入回收罐,引起压力急剧升高,导致安全阀起跳。

(四) 压缩机控制系统

1. 控制系统开关电源损坏

(1) 这种开关电源一般不耐冲击，如果频繁接通或断开电源,容易损坏开关电源。

(2) 电网电压过高,或在加气站的输电变压器上接有其他工业负载,造成电压不稳定,忽高忽低,甚至冲击,都容易使该电源损坏。

(3) 和先进工业国家相比,我国电网的质量较低,如果损坏的次数较多时,不妨将其更换成国产电源,可较好适应电网,比较耐用,不容易坏。

2. 输入隔离栅损坏

(1) 系统接地电阻超标，静电易使PLC控制器的输入端隔离栅烧坏。国内标准的静电接地电阻应不大于10 Ω,而有些进口设备则要求不大于1 Ω,这点一定要注意。

(2) 静电接地连接不牢或松动断开,使接地电阻时大时小甚至无穷大,造成隔离栅成批烧坏。

(3) 一般情况下,一个设备只需设置一个接地点,如果超过两个,且两个的接地电阻又不一样,所产生的电位差也容易将隔离栅烧坏。

(4) 频繁接通或断开电源,所产生的冲击也容易烧坏隔离栅。

3. 计算机显示数据混乱甚至出现负数

(1) 控制程序紊乱,或个别文件丢失。只要将控制程序重新安装一次就可正常。

(2) PLC控制器输出板上某电容器失败，造成某个温度显示为负值。

4. 气动控制系统的减压阀自动放气

其现象是在停机时,隔一段时间就自动放气。这是因为减压阀下部一个方形塑料密封垫磨损漏气所致。只要将密封垫拆下后,竖直方向旋转90°装上即可。

5. 系统启动时各气动阀不动作

(1) 出现这种现象时,首先检查气动系统的压力是否正常(一般为0.7 MPa~1.0 MPa)，若远低于该值时说明气动系统的压力没有建立起来。这种情况多发生在压缩机第一次调试时,或者气动系统检修后。只要将压缩机站的气动进气阀用扳手拧开一些,使系统压力达到设定值,就可以正常工作。

(2) 如果气动系统压力正常，则应检查各电磁阀的供电系统电压,导线接头是否有松动现象,并予以排除。

(3) 可能是控制软件出了问题,比如丢失文件,程序混乱等。这种情况比较少见,可将控制软件重新安装一次,就能解决问题。

6. 给地面储气瓶组充气时,高压瓶组常常超压

(1) 这是指超过设定的最高压力值,比如25 MPa。

(2) 压力表和压力传感器的读数有误差,直观的看压力表指针已超过,而实际上压力传感器还没到,只要超过不多,可以不管。

(3) 如果充气时采用的控制程序是:当高压瓶组一直充到最高压力时再打开中压充气阀，中压瓶组达到最高压力时再打开低压充气阀,假若后一个充气阀因故滞后打开,往往就会引起高、中压瓶组超压。只要把控制程序修改一下就可避免。将后一个充气阀打开的时间设定为低于最高压力的某个值，如23 MPa，当3组气瓶都达到这个值时,再同时充气直到设定的最高压力。

(五) 售气机系统

1. 加气枪不排气或排气速度慢

(1) 加气管路有多余物,清理管路和阀门。

(2) 天然气中含水量高,有冰堵现象,需对干燥器进行再生。

(3) 加气枪单向阀开口小,维修或更换单向阀。

(4) 售气软管和售气机连接处的脱断连接器中有两个阀芯相顶的单向阀,当连接部位的圆锥面磨损后使两阀开口变小,通气量减小而致加气速度降低,甚至使电磁阀关闭。

(5) 亦可适当调整每个电磁阀关闭时的最小流量,便某电磁阀提前关闭,也可加快加气速度。

2. 售气机扇形开关失灵

(1) 操作失当。该扇形阀在一个加气周期内(低压、中压、高压阀各开一次),只能开关一次,如果中途任意扳动(如给汽车未加满或者中、高压阀反应慢还未打开时,扳动扇形阀),就会在控制系统产生自锁而失灵。要复位必须将电源开关关闭后再打开,就可恢复正常。

(2) 扇形开关轴的插销断裂,使扇形开关失效。更换一个新销即可。

(3) 开关弹簧片变形,触点接触不良。需要换一个新开关,市面上很容易买到。

3. 给汽车加不满气

(1) 温度补偿功能在起作用,当环境温度在20 ℃以上时,应该加压到20 MPa。但是到了冬天气温很低时,压力就必须降低,否则就可能引起超压造成事故。所以显示的压力较低,但实际的标准体积数应该是够的(一般汽车上只能看到压力值或表示压力的显示灯)。

(2) 顺序控制系统的中压或高压电磁阀没有打开,可能由于气体中有杂质将阀卡死。

(3) 系统配置不合理,尤其当压缩机的排气量较小,而又同时用两台售气机给大车加气时比较明显。

(4) 储气瓶组储气量太小,多辆大车连续加气时,后面的车辆就会出现加不满的情况。要彻底改善就需要对储气瓶组扩容。

4. 液晶显示板显示不正常或不显示

(1) 按一下显示器板上的复位按钮。

(2) 接线插头接触不良。打开售气机的侧盖,分别检查液晶显示板上及显示盒中的电路板上的插头是否插接良好。

(3) 整机电源(110~120 V)不正常。检查售气机下部接线盒中的

电源电压是否正常或者12 V变压器或开关电源损坏。

(4) 由于操作失当引起电路自锁。一般将售气机电源关闭,再打开使电路复位即可正常。

(5) 预先设置的显示程序和数据紊乱。用红外编程控制器重新调整。

(6) 量流量计或变送器损坏。先检查变送器中设置数据是否正常,若无法恢复时只好更换。

(7) 售气机下部主控制箱中的隔离栅击穿,必须更换。

5. 顺序控制阀快速转换,但汽车加不满气

(1) 检查电磁阀是否良好,阀芯是否打开或开启度是否到位。

(2) 检查天然气露点是否合格,售气机管路的最低处或加气枪头是否有水滴产生或者有冰堵的现象,若有应立即对干燥器进行再生,以保证压缩天然气水露点合格。

6. 加气数量显示比正常值偏大或成比例减小

显示数值偏大的主要原因是气质密度超出售气机的设定值,造成计量增大。

(1) 检查化验天然气的气质组分。

(2) 检查校验质量流量计和变送器。

(3) 应用现场称重法测定压缩气体的密度值,并调整密度设定值(由当地技术监督部门调整)。

(4) 如果出现显示器上的数值明显小于正常值,且几乎成一定比例,如1/2或1/3时,则往往是显示器程序中的设置数据出了问题,只要是用红外编程器重新输入一次就可解决。

7. 电磁阀、管线接头漏气

(1) 检查或更换油过滤器滤芯,确保气体干净。

(2) 检查或更换电磁阀阀芯和密封圈。

(3) 检查管线卡套有无松动。

8. 显示器能正常复位,但电磁阀不动作无法加气

其主要原因是变送器工作不正常。一般是由于电源电压过高或过低造成售气机内的保护电路工作。排除的方法是断电后5 min二次送电即可正常加气。

9. 售气机开关电源(110 V/120 V)频繁损坏

(1) 电路设计超负荷能力差,尤其抗冲击力弱,不适合我国国情。

(2) 在设备安装的同时加装一台稳压电源。

(3) 尽可能不要经常关闭售气机电源,晚上也最好不要关。

(4) 更换超负荷能力强的国产开关电源。

(5) 换用变压器加整流的直流电源。

10. 当加气量很大时往往要分成几次才能加满

这种情况大多发生在工业用户，且一次加气量很大，如加气400 m^3/时。按照优先充气原理,压缩机工作时,天然气总是流向压力低的地方,比如售气机或储气瓶组。通过售气机给用户加气多于100m^3的过程中,储气瓶组的一部分气体也流向售气机。当储气瓶组中的气压降到用户气瓶的压力以下时,就可能出现这种反常现象。即由于压差小流向售气机的气体流量减少而关闭。直到储气瓶的压力高于用户气瓶压力时,再打开售气机,才可能继续给用户加气。

(六) 其他系统

1. 驱动器、压缩机转速低

(1) 检查进气压力是否过高。一般控制系统都会在进气压力高于设定值时,发出停机信号。假若控制系统失灵,就会引起压缩机超载。

如果是电机驱动,通过皮带传动,皮带可能会打滑;如果是电机和压缩机直联,电机电流增大,会引起过流保护装置跳闸,时间长了还会烧坏线圈;若是天然气发动机驱动,转速会明显降低。

(2) 检查电机启动器的电压是否过低。一般只能是由电网电压降低而引起。

2. 顺序控制启动后系统关闭

(1) 看故障指示灯。

(2) 检查电机启动器是否有过流故障。

3. 压缩机不能起动或起动后很快停机

(1) 当顺序充气控制系统,以高压瓶组的低、高限气压值,作为压缩机的启动或停机信号时,一旦售气机的高压电磁阀因故不能打开,高压瓶组的气压降不下来,所以压缩机无法起动。必须设法用高压瓶组汽车加气,以降低其压力,压缩机就可起动。

(2) 控制室的低压配电柜无380 V动力输出或缺相。这时主电机的控制回路正常,预润滑泵也可以起动,但就是压缩机和冷却风扇无法起动,或只是嗡嗡响。这种情况有可能是低压配电柜上的空气开关实际没有合到位(表面看是合上的),重新扳开再合上可能就好了。

(3) 主电机控制电路故障。如控制回路接线松动,或者中间继电器损坏等可使主回路上的继电器无法闭合,主电机当然不能起动。

(4) 预润滑泵或者冷却风扇的故障所致。为了保证压缩机的运行安全,程序设计要求预润滑泵必须首先运行,使润滑系统的压力达到规定值,接着冷却风扇运行若干秒钟后,压缩机才能起动。所以预润滑泵和冷却风扇的故障也会影响压缩机不能起动。

(5) 加气站供电变压器调整失当。如果变压器次级整定电流调的太小,或者过电延迟时间太短。这种情况下,压缩机一起动,运行很短时间就可能因超载而跳闸。当变压器所带负载过多,压缩机又采用直接起动的方式时容易出现这种现象。应经过试验后调到恰当数值。

(七)常见故障诊断和排除速查表

1. 压缩机润滑系统

部位	故障现象	事故原因	故障排除方法
压缩机润滑系统	1.润滑油油位过低	(1)油位传感器(开关)位置过高	将油位开关的安装位置予以调整
		(2) 确实缺少润滑油	应及时补充
	2.润滑系统油压过低	(1)过滤器过脏,堵塞油路,压降增大,使后续的管路油压降低	检查清理油过滤器或更换滤芯
		(2) 油路系统漏油时油压必然降低	检查管路并维修
		(3)管路油压传感器失灵产生虚假信息	对照油压表读数,排除压力传感器故障
		(4)压力调节器调整不当,造成油压降低	检查并调整调节器位置
		(5)润滑油泵工作不正常,是否由于磨损使啮合间隙或断面间隙增大或漏油等原因造成压力降低	检查油泵
		(6)启动过程中出现油压低的故障信号而不能启动,在冬天可能因温度低油黏度高,短时间内油压达不到所致	多启动几次可恢复正常。或由技术人员加长预润滑泵延时工作时间设置

续表

部位	故障现象	事故原因	故障排除方法
压缩机润滑系统	3.气缸润滑系统缺油	(1)油不流动传感器失灵产生错误信号	首先检查或更换油不流动传感器，或者将传感器输出的两根信号线短接
		(2) 柱塞泵出现故障,无法向系统供油	及时检查维修或更换
		(3)单向阀卡死打不开或者油箱出油口有杂物堵塞,使柱塞泵吸不上油	检查维修相关部位
		(4)润滑油中的杂质引起润滑油分配器滑阀卡死	清除杂质并查明原因
		(5) 由于管路油压过高引起安全爆破片破裂。检查润滑油分配器油输出口是否有油,若无油可能是分配器中的滑阀卡死,引起管路油压升高	将分配器分解清洗并更换爆破片
	4.润滑油温过高	(1) 油冷却器的散热片内被杂物或污物堵塞,冷却效率降低	检查并予以清除
		(2) 油路中的机械式冷热转换阀(有些称静热力阀)有故障,使润滑油无法经过油冷却器降温	检查维修或更换转换阀
		(3)过滤器过脏堵塞后使油流不畅,阻力增加发热使油温上升	清理或更换过滤器滤芯
		(4)润滑油过脏或黏度过高,使摩擦面易发热,且带走热量降低温度的效果变差	更换合适的润滑油
	5.预润滑系统故障	(1)油压降低的原因之一,可能是润滑油粘度过低或者夏季应用冬季润滑油	更换黏度较高的润滑油
		(2) 预润滑泵磨损、啮合间隙或断面间隙增大、漏油等故障也可使油压降低	检修或更换
		(3)预润滑泵电机运转不正常,如不易启动,或出现间歇运转现象	更换频率为 50 Hz 功率稍大的电机

2. 压缩机进排气系统

部位	故障现象	事故原因	故障排除方法
压缩机进排气系统	1. 进气压力过低	(1) 输气管道的压力过低,尤其是加气站从城市管网的中压管道取气,在用气高峰时容易出现这种状况 (2) 进站管道的气压还高于设定的最低进气压力时,压缩机不能启动	① 如果压力低得不多且是临时性的,可以通过计算机将进气压力下限值略调低一些,等压力恢复后再调回来
			②如果是经常性的,可以由有一定经验的人员将回收罐的反馈调压器的压力适当调高一些
			③如果储气瓶组的压力较高,仍可给汽车加气,等进气压力上升后再开机
	2. 进气压力过高	管网压力过高	若偶然超过但不超过控制系统设定的最高限,短时间运行是没有问题的,等待管网压力降低。如果长期超限就必须在进站管线中增加调压器
		回收罐反馈压力调节器的设置不正常(一般高于压缩机一级进气压力 3%)	检查回收罐反馈压力调节器的设置,适当调低该反馈压力
	3. 排气压力过低	(1)进气压力过低。过低的进气压力,会使压缩机达到额定排气压力的时间加长,而且后两级汽缸的温升增加	提高进气压力
		(2) 排气管路系统的严重泄漏	检查并予以排除或维修
		(3)进气阀关闭不严,排气阀关闭不严	检查压缩机进排气阀并及时关闭
		(4)进气管路堵塞。以至增加了压降,减少了进气量,降低了排气压力	对管路进行清理

续表

部位	故障现象	事 故 原 因	故 障 排 除 方 法
压缩机进排气系统		(5)各级过滤器太脏,影响排气压力	清洗、更换滤芯,尤其是末级过滤器,以减少压缩气体在过滤器中的压降
		(6)通向回收罐的气动泄压排放球阀关闭不严。这使压缩机排出的气体经过滤器不断进入回收罐,排气管路的压力自然降低。主要原因是气动执行器和球阀之间的转动拨叉间隙过大,关不到位	将位置调正并紧固
	4.排气压力过高	(1) 若压力高出现在中级,可能是下一级进气阀开度不够,卡死或排气阀打不开	检查压缩机的阀
		(2) 排气管路可能堵塞。若中级压力高,估计是过滤器堵塞。若终级排气压力高,则应检查管路中的过滤器是否过脏,单向阀、限压阀是否失效,尤其是手动球阀	对管路进行清理
		(3)监测控制系统失灵。最终排气压力达到设定值时(一般为 25 MPa),控制系统就会发出停机指令,若控制系统失灵就会使排气压力一直上升	维修或更换监测系统

续表

部位	故障现象	事故原因	故障排除方法
压缩机进排气系统	5. 排气量减小	(1)管路系统有泄漏,主要指外泄漏	检查主气路上各阀门(尤其是安全阀)和管接头处是否有泄漏
		(2) 进气压力过低,这种情况多是在用气高峰,城市输气管网压力降低引起的	等输气压力恢复后,就会正常
		(3)驱动机转速不正常。和压缩机直联的电机为异步电机转速降低的可能性小	检查发动机驱动
		(4)压缩机阀门关闭不严,引起内泄漏	将压缩机各级的阀门关严
		(5) 若电机和压缩机是通过皮带传动,则检查皮带是否松动	适当调整皮带涨紧装置
	6. 排气温度过高	(1)压缩机失灵。阀门开启不够,气体流动阻力增大,流速增大,排气温度升高	检查压缩机开阀,开启到足够的开度
		(2) 冷却风扇工作不正常。若是通过皮带传动,应检查皮带是否太松,或者断裂,使转速下降甚至停转造成排气温度升高	调节皮带松紧度或更换皮带
		(3)散热器被堵塞,冷却效果降低所致	检查清理冷却器的散热片

续表

部位	故障现象	事故原因	故障排除方法
压缩机进排气系统	7. 输出气体带油过多	(1)过滤器过脏或者破损使过滤器失效,含油气体未经过严格过滤而排出	清洗或更换凝聚式过滤器
		(2) 废液自动排放过程不正常，正常时,凝聚在过滤器下部的重烃和油的混合物会定时自动排放到回收罐中。否则，滞留在过滤器中当液位高过滤芯时,必然被气体带出	维修废液排放系统
		(3)汽缸中的润滑油量增加超标,使气体中所携带的油量超过了过滤器的额定容量,最终排出的气体中所带的油量也必然超标	检查汽缸润滑系统的注油速率,及时调整注油速率
	8. 收罐压力过高	(1)泄压排放阀可能关闭不严。按照设定,该泄压排放阀 60 分钟打开一次,每次打开 15 秒钟。如果该阀关闭不严,压缩机排出的压缩气体就会不断的排进回收罐,使压力升高	将泄压排放阀关严
		(2) 回收罐排气调节器的压力设置一般是稍高于进气压力,若调得过高就会引起回收罐的压力升高	检查回收罐排气调节器的设置,并合理设置
		(3)如果排液管道堵塞,或者不能定时打开排放阀放掉废液,设置的液位开关失灵,都会使回收罐压力升高	确认液位开关工作正常、回收罐排液正常
		(4) 如果停机后，主进气阀关闭不严，压缩机气缸中所留下的气体(高于进气压力)也会通过回收管路返回,进入回收罐使压力升高(由于主进气阀前的主管路中有单向阀,所以不回返回进气管路)	停机后及时关严进气主阀

3. 安全放散系统

部位	故障现象	事故原因	故障排除方法
安全放散系统	1. 级间安全阀动作	(1)下一级气缸进气阀开度不够或卡死打不开，必须使该回路压力上升，以至超过安全阀的起跳压力	应首先检查该级进气阀门是否有故障
		(2) 下一级进气管路中的过滤器太脏，使管路堵塞压力升高	应定期清洗过滤器
		(3)过滤器下的排液管路和单向阀不通畅，使过滤器下部液位升高，污染滤芯	应拆开检查，必要时更换单向阀
		(4)回收罐旁的泄压排放阀没有定时打开，或打开时间太短	应定时打开，并保证时间足够
		(5)回收罐反馈压力调节器的设定压力调节过高，引起进气压力超高所致	重新调低
	2. 末级安全阀动作	(1)主气路通向充气回路的手动球阀未打开，致使末级管路压力升高	阀门未开，应及时打开阀门
		(2) 末级过滤器太脏使管路堵塞，压力升高	应定期清洗过滤器
		(3)过滤器下的排放管路和单向阀不通畅，使过滤器下部液位升高，污染滤芯	应拆开检查，必要时更换单向阀
		(4)回收罐旁的泄压排放阀没有定时打开，或打开时间太短	应定时打开，并保证时间足够
	3. 回收罐安全阀动作	(1)主气路到充气回路之间的单向阀关闭不严，致使停机时低压气瓶组的高压气体回流到回收罐中引起超压，使安全阀起跳释压	应将充气回路之间的单向阀关严
		(2) 压缩机运行中，通向回收罐的泄压排放阀关闭不严，大量压缩气体进入回收罐，引起压力急剧升高，导致安全阀起跳。	应将泄压排放阀关严

4. 压缩机站控制系统

部位	故障现象	事 故 原 因	故 障 排 除 方 法
压缩机站控制系统	1. 控制系统开关电源损坏	(1)这种开关电源一般不耐冲击,如果频繁接通或断开电源,容易损坏开关电源	及时更换
		(2) 电网电压过高,或在加气站的输电变压器上接有其他工业负载,造成电压不稳定,忽高忽低,甚至冲击,都容易使该电源损坏	及时更换,如果损坏的次数较多时不妨将其更换成国产电源,可较好适应电网,比较耐用
		(3)与先进工业国家相比,我国电网的质量较低	
	2. 输入隔离栅损坏	(1)系统接地电阻超标,静电易使 PLC 控制器的输入端隔离栅烧坏	国内标准的静电接地电阻应不大于 10 Ω,而有些进口设备则要求不大于 1 Ω, 这点一定要注意
		(2) 静电接地连接不牢或松动断开,使接地电阻时大时小甚至无穷大,造成隔离栅成批烧坏	检查接地,保证接地良好
		(3)隔离栅烧坏,一个设备只需设置一个接地点,如果超过两个且阻值不同,所产生的电位差也容易将隔离栅烧坏	一般情况下,一个设备只设置一个接地点
		(4)隔离栅烧坏,频繁接通或断开电源,所产生的冲击也容易烧坏隔离栅	尽量避免频繁开断
	3. 计算机显示数据混乱甚至为负数	(1)控制程序紊乱,或个别文件丢失	重新安装控制程序
		(2) PLC 控制器输入板上某元件(电容、电阻)失效,测量桥失去平衡而倒相,造成某个温度或压力值显示为负数	及时更换 PLC 控制器

续表

部位	故障现象	事故原因	故障排除方法
压缩机站控制系统	4. 气动控制系统的减压阀自动放气	(1)因为减压阀下部一个方形塑料密封垫磨损漏气所致	将密封垫拆下后，竖直方向旋转90°装上
	5. 系统启动时各气动阀不动作	(1)首先检查气动系统的压力是否正常(一般为100~150 Psi或0.7~1.0 MPa)，若远低于该值时说明气动系统的压力没有建立起来。这种情况多发生在压缩机第一次调试时，或者气动系统检修后	调整压缩机站的气动进气阀开度，使系统压力达到设定值
		(2) 如果气动系统压力正常	应检查各电磁阀的供电系统电压，导线接头是否有松动现象，予以排除
		(3)控制软件出了问题，如丢失文件，程序混乱等	重新安装控制程序
	6. 给地面储气瓶组充气时，高压瓶组常常超压(25 MPa)	(1) 压力表和压力传感器的读数有误差，直观的看压力表指针已超过，而实际上压力传感器还没到	只要超过不多，可以不管
		(2) 如果充气时采用的控制程序是，当高压瓶组一直充到最高压力时再打开中压充气阀，中压瓶组达到最高压力时再打开低压充气阀，假若后一个充气阀因故滞后打开，往往就会引起高、中压瓶组超压	修改控制程序。将后一个充气阀打开的时间设定为低于最高压力的某个值，当三组气瓶都达到这个值时，再同时充气直到设定的最高压力

5. 售气机系统(JQ系列车用压缩天然气加气机)

故障现象	产生原因	排除方法
显示屏显示“EU”	掉电或电压过低	检查输入 220 V 电源
按复显键无显示	电脑蓄电池电压过低	检查并更换蓄电池
加气不计数	1.质量流量计信号不正常 2.信号线接头松动	1.检修并调整质量流量计 2.重新插接信号线
无法读取累计	累计存储器损坏	更换累计存储器
按键无效	1.键盘上集成电路故障 2.CPU 故障	1.更换键盘上集成块 2.更换主板上 CPU
充气速度明显缓慢	1.加气站气库压力不足 2.过滤器被堵塞	1.检查加气站压缩机 2.过滤器排污或更换滤芯

6. 其他系统

部位	故障现象	事故原因	故障排除方法
其他	1. 驱动器压缩机转速低	(1)进气压力过高。控制系统都会在进气压力高于设定值时,发出停机信号,若控制系统失灵,就会引起压缩机超载	检查并调整进气压力
		(2) 电机启动器的电压过低,一般只能由电网电压降低而引起	等待电网电压正常
	2. 压缩机不能起动或起动后很快停机	(1)当顺序充气控制系统以高压瓶组的低、高限气压值, 作为压缩机的启动或停机的信号时,一旦售气机的高压电磁阀因故不能打开,高压瓶组的气压降不下来,所以压缩机无法起动	必须设法用高压瓶组给汽车加气,以降低其压力,压缩机就可起动
		(2) 控制室的低压配电柜无 380 V 动力输出或缺相,这种情况有可能是低压配电柜上的空气开关实际没有合到位(表面看是合上的)	重新扳开再合上
		(3)主电机控制电路故障。如控制回路接线松动,或者中间继电器损坏等都可使主回路上的继电器无法闭合,主电机当然不能起动	检查并及时维修主电机控制电路
		(4)预润滑泵或者冷却风扇的故障所致。预润滑泵和冷却风扇的故障也会影响压缩机不能起动	检查并及时维修预润滑泵或冷却风扇
		(5)加气站供电变压器调整失当。变压器次级整定电流调的太小,或者过点延迟时间太短	应经过试验后调到适当数值

附件1：加气站应急预案

一　目　的

为了加强加气站对火灾爆炸、恐怖袭击、压缩天然气泄漏、自然灾害、意外人身伤害等突发事件实施有效救援抢险，最大限度地降低事故危害程度和灾害损失，提高员工应急反应和救助能力，保障人民生命、国家财产安全。

二　范　围

本预案规定了加气站在发生火灾爆炸、恐怖袭击、压缩天然气泄漏、自然灾害、意外人身伤害等突发事件后实施应急救援的措施和要求。

三　指导思想和原则

3.1 指导思想

坚持“以人为本、关爱生命”的原则，以最快的速度、最大的效能，有序地实施救援抢险，把事故危害、灾害损失、事件危害降到最低点，最大限度地减少人员伤亡、财产损失和环境污染，维护周边地区的安全和社会稳定。

3.2 原则

快速反应、统一指挥、单位自救与社会救援相结合。

四　编制依据

《中华人民共和国安全生产法》

《中华人民共和国消防法》

《危险化学品安全管理条例》

《中华人民共和国防震减灾法》

《中华人民共和国破坏性地震应急条例》

《中华人民共和国防洪法》

《中华人民共和国防汛条例》

《重大危险源辨识》

《危险化学品事故应急救援预案编写导则》

《石油天然气工业健康、安全与环境管理体系》

《中油甘肃兰州销售分公司突发事件总体应急预案》

《中油甘肃兰州销售分公司突发事件专项应急预案》

五　名词解释

5.1 危险化学品

指属于爆炸品、压缩气体和液化气体、易燃液体、易燃固体、自燃物品和遇湿易燃物品、氧化剂和有机氧化物、有毒品和腐蚀品的化学品。

5.2 危险化学品事故

指由一种或数种危险化学品或其能量意外释放造成的人身伤亡、财产损失或环境污染事故。

5.3 重大危险源

指长期的或临时的生产、搬运、使用或者储存危险物品，且危险物品的数量等于或者超过临界量的单元(包括场所和设施)。

5.4 危险目标

指因危险性质、数量可能引起事故的危险化学品所在场所或设施。

5.5 地震应急

是指为了减轻地震灾害而采取的不同于正常工作程序的紧急防灾和抢险行动。

5.6 破坏性地震

是指造成一定数量的人员伤亡和经济损失的地震事件。

5.7 严重破坏性地震

是指造成严重的人员伤亡和经济损失,使灾区丧失或部分丧失自我恢复能力,需要国家采取对抗行动的地震事件。

5.8 次生灾害源

是指因地震可能引发水灾、火灾、爆炸等灾害的易燃易爆物品、有毒物质贮存设施、水坝、堤岸等。

5.9 防洪区

指洪水泛滥可能淹及的地区,分为洪泛区、蓄滞洪区和防洪保护区。

5.10 洪泛区

指尚无工程设施保护的洪水泛滥所及的地区。

5.11 蓄滞洪区

指包括分洪口在内的河堤背水面以外临时贮存洪水的低洼地区及湖泊等。

5.12 防洪保护区

指在防洪标准内受防洪工程设施保护的地区。

5.13 应急救援

指发生事故时,采取的消除、减少事故危害和防止事故恶化,最大限度降低事故损失的措施。

5.14 重大危险源

指长期地或临时地生产、搬运、使用或者储存危险物品,且危险物品的数量等于或者超过临界量的单元(包括场所和设施)。

5.15 预案

指根据预测危险源、危险目标可能发生事故的类别、危害程度,而制定的事故应急救援方案。要充分考虑现有物质、人员及危险源的具备条件,能及时、有效地统筹指导事故应急救援行动。

六 基本情况

6.1 环境情况

表1 加气站环境情况

<table>
<tr><td>单位名称</td><td colspan="2"></td><td colspan="2">单位地址</td><td></td></tr>
<tr><td>联系电话</td><td></td><td>员工人数</td><td></td><td>加气站经理</td><td></td></tr>
<tr><td rowspan="5">周边环境</td><td colspan="2">方位</td><td colspan="2">距离</td><td></td></tr>
<tr><td colspan="2">东</td><td colspan="2"></td><td></td></tr>
<tr><td colspan="2">南</td><td colspan="2"></td><td></td></tr>
<tr><td colspan="2">西</td><td colspan="2"></td><td></td></tr>
<tr><td colspan="2">北</td><td colspan="2"></td><td></td></tr>
</table>

6.2 设备情况

6.2.1 主要设备

表2 加气站主要设备

瓶组编号	储存介质	储存容积(m^3)	瓶组类型	安装方式

6.2.2 加气机

表3 加气机

加气机编号	枪号	机泵编号	输送介质	加气机型号	连接瓶组
1#			天然气		
2#			天然气		
3#			天然气		

6.2.3 其他设备

表4 加气站其他设备

设备名称	规格型号	起用时间	备 注

6.3 主要建筑物情况

表5 加气站建筑物

序 号	名 称	结 构	占地面积和总长度

6.4 应急救援物品

表6 加气站应急救援物品明细表

物品名称	数量	存放部位	备注

6.5 要害部位防护责任人

表7 加气站要害部位防护责任人

区 域	防护责任人(签名)
接卸区	
加气现场	
润滑油房	
配、发电间	
营业室	
生活区	

七 应急救援组织机构、组成人员及职责

7.1 应急救援组织机构

表8 加气站应急救援组织机构

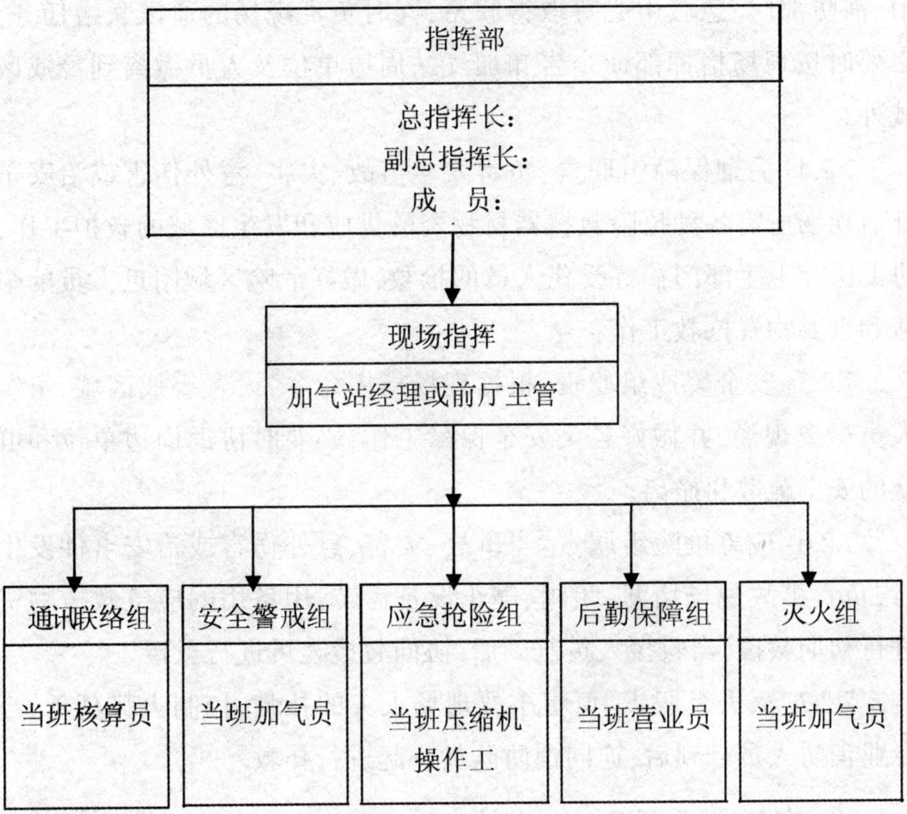

指挥部

总指挥长:
副总指挥长:
成 员:

↓

现场指挥

加气站经理或前厅主管

↓

通讯联络组	安全警戒组	应急抢险组	后勤保障组	灭火组
当班核算员	当班加气员	当班压缩机操作工	当班营业员	当班加气员

7.2 职责

7.2.1 公司应急救援指挥长职责:负责事故(事件)、灾害现场总体协调及决策。当发生火灾爆炸、恐怖袭击、压缩天然气泄漏、自然灾害、意外人身伤害等突发事件后,指挥实施公司应急救援行动,当总指挥长不在场时依序由副总指挥长代替总指挥长行使指挥权。

7.2.2 现场指挥职责:按照事故、灾害、意外伤害或治安事件的不

同情况，组织指挥现场人员实施应急救援行动，当总指挥长到达现场后，服从总指挥长统一指挥。

7.2.3 通讯联络组职责：负责向公司应急指挥部报告事故、灾害、意外伤害或治安事件的具体情况，根据不同的情况及时与当地公安部门、消防部门、急救中心等取得联系，同时负责现场的通讯联络任务，必要时按现场指挥部命令告知加气站周边单位及人员撤离到警戒区域外。

7.2.4 后勤保障组职责：负责发生事故、灾害、意外伤害或治安事件后现场所需各种抢险救援器材物资的供应和发生区域的救护工作，协助医疗卫生部门搞好受伤人员的抢救；做好危险区域附近人员的疏散和重要物资抢救工作。

7.2.5 安全警戒组职责：根据现场指挥命令，设置警戒区域、组织人员撤离现场，并做好各类安全保障工作，必要时协助周边单位和群众的安全疏散和撤离。

7.2.6 应急抢险组职责：当事故、灾害、意外伤害或治安事件发生时，负责事故现场堵漏、闭阀、停止设备运转，用备用的应急救援物资进行初期救援，当救援人员赶到后，协同救援人员进行救援。

7.2.7 灭火组职责：负责事故现场火灾的扑救，控制火势蔓延，当专业消防人员赶到后，连同消防队员一起进行扑救。

八 应急救援原则

8.1 先救人后救物，先控制后消灭。

8.2 服从命令、听从指挥。

8.3 发现有人受伤和中毒窒息时应立即进行抢救，并转移至空气新鲜的上风口处实施现场救援，注意保护受伤人员的创面。

8.4 发生火灾、地震应将易燃、易爆、有毒、腐蚀性的设备、物品及单据、账本等尽快转移至安全地点。

8.5 必要时告知加气站毗邻单位和周边群众疏散撤离到安全地带。

九 报警、通讯及联络方式

9.1 公司应急电话

固定电话:　　　　　　　　　　　设置地点:

9.2 有效的内部、外部通讯联络手段

9.2.1 内部方式:第一发现者就近利用有效报警装置(电铃或扩音喇叭)向全站发出报警信号并向加气站值班经理报告。

9.2.2 外部方式:拨打119、110、120等报警电话。

9.3 报警程序

9.3.1 突发事件第一发现者首先报告加气站值班经理,并拨打相应报警电话。

9.3.2 加气站值班经理根据情况类型立即启动相应应急抢险预案,通讯联络员立即报告公司应急办公室或消防部门、急救中心、当地公安部门及周边群众。

9.3.3 报告内容

突发事件发生地点、部位、时间、性质、危害程度、有无人员伤亡及报警人姓名、联系电话等。

9.3.4 应急联络图

9.4 应急救援指挥部主要人员及相关部门联系电话

表9　加气站应急联络图

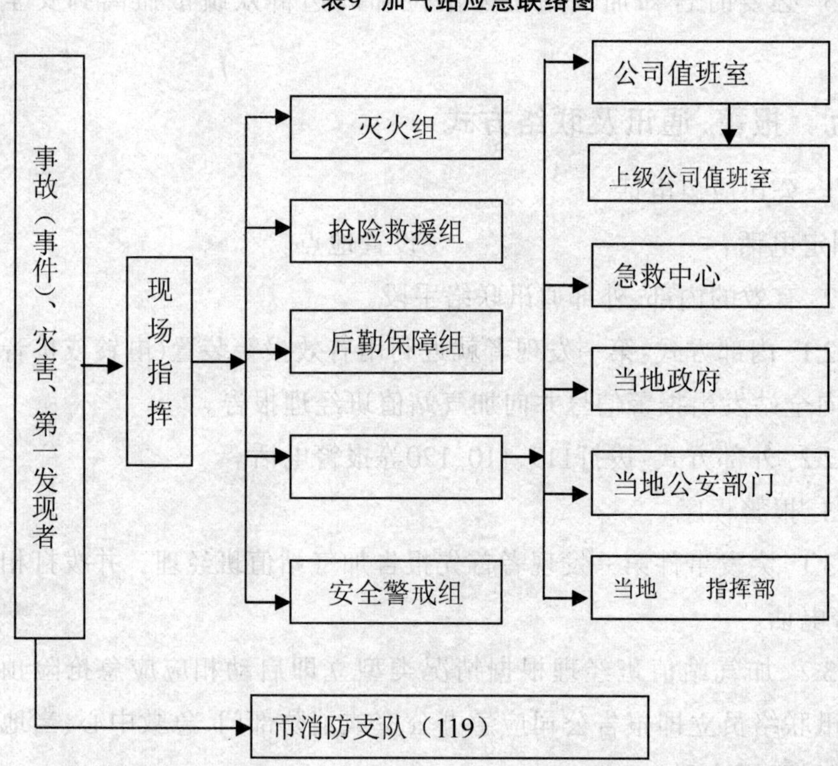

表10　应急救援指挥部主要人员及相关部门联系电话

姓名	职务	办公电话	住宅电话	手机

十 突发事件应急预案

10.1 火灾爆炸事故应急预案

10.1.1 危险目标及其危险特性

10.1.1.1 危险目标

(1) 危险目标名称:撬装往复式压缩机、卸气柱、储气瓶组、加气机、CNG拖车、加气区。

(2) 天然气性质:天然气具有易燃、易爆、易扩散等特性,与空气混合能形成爆炸性混合物,遇热源和明火有燃烧爆炸的危险。与五氧化溴、卤素、液氧及其他强氧化剂接触剧烈反应。

10.1.1.2 危险目标的危险特性

(1) 天然气与空气混合可形成爆炸性混合物,达到天然气的爆炸极限(5%~15%)发生爆炸事故,遇明火、雷电、静电、高热极易发生火灾爆炸事故。

(2) 天然气泄漏后含有部分硫化氢等有毒有害气体,人员吸入造成急性、慢性中毒事故。并且使空气中氧含量明显降低,当空气中甲烷达到25-30%时,可引起头痛、头晕、乏力、注意力不集中、呼吸和心跳加速、共济失调,若不及时脱离,可致窒息死亡。

(3) 天然气发生泄漏造成环境污染。

10.1.1.3 危险目标发生火灾后对周边的影响

(1) 发生燃烧产生的热辐射造成人员烧伤,并有可能造成邻近设备及建筑物起火燃烧及爆炸。

(2) 发生爆炸所产生的冲击波不但造成人员伤亡,并有可能引起邻近设备燃烧爆炸,形成大面积火灾。严重的将扩大到站外,造成周围建筑物燃烧或群众伤亡。

(3) 天然气燃烧所产生的有毒有害气体使处于下风方向人员中毒、窒息。

(4) 泄漏的天然气达到爆炸极限后爆炸,造成巨大财产经济损失。

(5) 对环境造成污染。

10.1.2 天然气火灾爆炸事故的原因、特点

10.1.2.1 站内设备设施火灾爆炸事故的因素

(1) 设备的阀门、法兰附件密封不严,造成气体外泄,达到爆炸极限或遇火源造成火灾或爆炸事故。

(2) 在站内作业时,使用不防爆工具、移动通讯、电工具或明火等造成火灾。

(3) 气体在压缩时,工艺管路高温、高压天然气容易发生泄露,达到爆炸极限或遇火源就会发生火灾和爆炸。

(4) CNG拖车未安装静电导除装置或失灵,集聚的静电荷达到放电条件产生火花,造成火灾爆炸事故。

(5) 未将高压容器(汽车储气瓶)和管路中天然气置换完全的情况下充装天然气,与空气混合在高压状态下造成爆燃事故。

(6) 防雷接地装置失效遇雷击造成火灾爆炸事故。

(7) 工艺安装区、压缩机区等区域杂草或其他易燃物燃烧蔓延,在设备有泄漏时引燃造成火灾。

(8) 地震时,造成设备或管路的断裂产生天然气泄漏,达到爆炸极限或遇火源而造成火灾。

(9) 埋在地下的管线或室外管线受腐蚀、震动或冷冻等,使管道破裂漏气,气体通过土层或下水管道窜入室内,接触明火而着火或爆炸。

10.1.2.2 站内设备设施火灾爆炸事故的特点

加气站内设备设施发生火灾、火势猛烈、火焰温度高、热辐射强、气浪大、蔓延速度快,往往会造成严重的火灾事故。压缩天然气本身属于一级可燃气体,甲类火灾危险,爆炸浓度极限为5~15%,最低点火能量仅为0.28 MJ,对空气的比重为0.55,扩散系数为0.196。说明易燃烧,易爆炸并且扩散能力强,火势蔓延快。天然气火灾特点有以下几种情况:

(1) 燃烧:天然气在站内发生燃烧应有两个条件,一是气体外泄,二是有火源。气体外泄的可能发生地点很多,管道、阀门、气瓶、压缩机、回收罐、过滤器等,产生火源的可能性有电器设备产生火花(含电线接头松动,电机封闭不严)、金属碰撞产生火花、静电产生火花(设备静电如加气枪、天然气管道、工人穿化纤衣服等)、操作失误、加热设备故障等及其他火源。

(2) 爆炸或泄漏:主要是压力超过了管道、设备能够承受的强度而发生,通常由两个方面构成,一是系统压力超过规定压力,最终超过设备及配件的强度极限而爆炸或局部炸裂。二是因管道、设备及阀件等在运行中,由于腐蚀、疲劳损伤等因素,降低了强度而发生炸裂和管道接头松脱产生泄漏。

(3) 燃烧后爆炸:气体燃烧如不能迅速扑灭,将会导致站内压力容器(如回收罐、储气瓶组、拖车瓶组)的加温,压力迅速升高,如安全装置无法及时放散,即有可能发生爆炸。此种情况一般不易发生,因气瓶等在设计试验时,即作过该类似实验。但如火势过大,加热过快,造成压力上升过快,也可能发生。另一种就是爆燃,由于燃烧加温,容器内的天然气通过安全阀外泄,与空气形成5~15%的混合比时,一旦接触火源,即有可能发生爆燃。

(4) 爆炸后燃烧:一旦设备、管道等发生爆炸,均有天然气外泄,如外部无火源,也未发生剧烈碰撞,一般不会燃烧,如仍有气源流经爆裂点,就有可能源源不断地大量外泄天然气,与空气形成可燃混合气,此时十分危险,稍有不慎,便可能发生爆炸后燃烧事故。

10.1.2.3 CNG拖车发生火灾爆炸事故的原因

(1) 金属部件碰击发火。如卸气作业时由于操作不慎、枪头与拖车充装接头碰击发火、引燃天然气。又如关启拖车管路阀门时,使用铁制工具碰击或敲打产生火花,也会引燃天然气。

(2) 在卸气作业场所中,使用不防爆的电器。

(3) 卸气作业过程中，未设置静电接地装置或装置失灵，集聚的静电荷达到放电条件产生电火花，造成火灾爆炸事故。

(4) 钢瓶的材质有问题。首先，钢瓶材料的抗拉强度值偏高，屈强比偏大，塑性指标偏低，说明强度高而塑性差。其次，部分CNG钢瓶材质中的有害杂质元素（如S、P）的含量超过了安全技术要求的控制指标，即S、P含量>0.01%。第三，钢瓶在制造工艺上的精度不够，一些钢瓶的表面气泡、裂纹、分层、夹杂、光洁度、麻点和凹坑等较为粗糙。造成钢瓶爆炸气体泄漏，引发火灾爆炸事故。

(5) CH_4的气质问题。若CH_4中的游离水尚未脱净的情况下，硫化物中的H_2S的水溶液(即氢硫酸)在高压状态下对钢瓶或容器造成腐蚀破裂，气体泄漏，引发火灾爆炸事故。

(6) 其他意外事故造成的火灾。

10.1.1.4 CNG拖车火灾事故的特点

(1) 燃烧：CNG拖车的管路、阀门、瓶体等发生泄漏后遇明火燃烧。

(2) 爆炸或泄漏：CNG爆炸，主要是管路、阀门、瓶体超过了设备能够承受的强度而发生，通常由两个方面构成，一是系统压力超过规定压力，最终超过设备及配件的强度极限而爆炸或局部炸裂。二是因设备、管道及配件等在运行中，由于腐蚀、疲劳损伤等因素，降低了强度，降低了承受能力，而发生炸裂和管道接头松脱产生泄漏。

(3) 燃烧后爆炸：气体燃烧如不能迅速扑灭，将会导致站内容器的加温，压力迅速升高，如安全装置一时排气不畅，即有可能发生爆炸。此种情况一般不易发生，因气瓶等在设计试验时，即作过该类似实验。但如火势过大，加热过快，造成压力上升过快，也可能发生。另一种就是爆燃，由于燃烧加温，容器内的天然气通过安全阀外泄，与空气形成5~15%的混合比时，一旦接触火源，即有可能发生爆燃。

(4) 爆炸后燃烧：一旦CNG拖车的管路、阀门等发生爆炸，均有天然气外泄，如外部无火源，也未发生剧烈碰撞，一般不会燃烧，如仍有

气源流经爆裂点,就有可能源源不断地大量外泄天然气,与空气形成可燃混合气,此时十分危险,稍有不慎,便可能发生爆炸后燃烧事故。

10.1.2.5 发生电气火灾事故的原因

(1) 由于电路开关的通、断,导线或触点接触不良,线路断线或短路,设备接地不良等原因,产生电火花和电弧,引起火灾。

(2) 电器装置在运行中,会由于过载、短路、绝缘破裂、旋转设备发生位移、冷却不良等原因,使设备和线路局部产生较高的温度,引起火灾。

10.1.3 工艺设备紧急处置措施

按下ESD钮,实施紧急停车,迅速切断电源和关闭卸气柱总阀,停止站内天然气加气作业。迅速隔离现场,制止无关人员进入,严防烟火,防止意外。发生火灾,立即采取灭火措施,并立即报警。

10.1.4 抢险、救援控制措施

10.1.4.1 灭火组:采取灭火控制措施。按下最近的ESD钮,实施紧急停车。迅速切断电源和关闭卸气柱总阀,立即用最近的灭火器进行灭火。

10.1.4.2 抢险组:判断燃烧温度、判定风向,并向指挥部报告;关闭工艺管路所有闸阀,并实施工艺控制措施最大程度的减少流向着火源的天然气数量;如是拖车瓶组着火,立即关闭与卸气柱连接的各阀门和拖车瓶组各气瓶阀门,控制天然气泄露。

10.1.4.3 救援组:采取冷却降温保护措施。向起火设备附近的其他压力容器、管路冲水,以降低其他压力容器及管路的温度,防止因温度过高,造成其他设备内气体压力增加而爆炸。

10.1.4.4 后勤保障组:根据应急指挥部的命令,做好应急抢险救援所需器材、装备以及医疗救护药品准备和供应工作。

10.1.4.5 警戒组:根据事故现场划分的危险区域和隔离区设置警戒隔离标志,并进行警戒巡查,疏通应急通道,引导外部救援车辆及

人员。

10.1.4.6 通讯联络组：确保应急指挥部与各应急救援小组、外部救援机构信息联络畅通不间断。

10.1.4.7 异常情况下，抢险救援人员的撤离条件

撤离条件：当火焰增大、发亮、变白，烟色由浓变淡，发出剧烈响声时；设备颤抖、变形，伴有强烈的嘶嘶声时；设备外壁破裂，大量气体外泄，造成大面积火灾时；风向发生变化，火焰威胁人员安全时。

10.1.5 危险区的隔离

10.1.5.1 事故部位周边50米（根据风险评价确定）范围内设定为危险区域。

10.1.5.2 危险区域外至加气站周围30米（根据风险评价确定）范围确定为事故现场隔离区。

10.1.5.3 事故现场隔离区外设置明显警戒线隔离标志，并有警戒人员进行警戒。

10.1.6 人员紧急疏散、撤离

10.1.6.1 事故现场人员清点，撤离方式、方法

(1) 当应急指挥部根据火场情况，确定有可能发生爆炸，威胁现场人员生命安全时，立即发出撤离信号。

(2) 现场应急救援人员听到撤离信号后，应立即放弃不便携带的灭火器材、工具，按照警戒区内设置的应急疏散指示标志指示方向迅速撤离现场，到警戒区外指定集合地点集合，由警戒组负责人进行人员清点（附现场应急救援人员撤离、疏散路线图）。

10.1.6.2 周边区域的单位、社区人员的疏散方式、方法

通讯联络组协助政府应急救援机构按政府应急救援预案进行疏散。

10.1.7 受伤人员现场救治、医院救治

10.1.7.1 火灾现场如有人员受伤时，后勤保障组迅速将其抬、扶

至隔离区外的安全地带,立即对伤员进行检查、急救:如呼吸停止应立即实施人工呼吸,如有外伤应立即包扎,注意保护烧伤人员创伤面,防止二次受伤。

10.1.7.2 急救中心救护人员到现场后,后勤组提供受伤人员的致伤信息、协助其对伤员作进一步救治。如伤势较重,应立即送至距事故现场最近的医院进行救治。

10.1.8 预案分级响应条件

10.1.8.1 有下列情形之一的立即启动本预案:

(1) 该部位已经起火燃烧。

(2) 该部位已经发生并有可能引起爆炸。

10.1.8.2 当公安消防队到达现场后,应急救援总指挥长汇报现场及救援情况,移交指挥权,服从公安消防统一指挥。

10.1.9 事故应急救援终止程序

10.1.9.1 当确认火源已全部扑灭,设备经冷却到环境温度,气体无泄漏迹象时,应急总指挥长宣布事故应急救援工作结束。

10.1.9.2 由通讯联络组通知,解除全体应急状态,清理事故现场,进行善后处理。

10.1.9.3 外部救援队伍及周边人员解除应急状态,由政府救援机构人员负责实施。

10.2 天然气泄漏事故应急预案

10.2.1 危险目标

10.2.1.1 危险目标名称

工艺管线、撬装往复式压缩机、卸气柱、储气瓶组、加气机、CNG拖车。

10.2.1.2 危险目标的危险特性

(1) 天然气与空气混合可形成爆炸性混合物,达到天然气的爆炸极限(5%~15%)发生爆炸事故,遇明火、雷电、静电、高热极易发生火灾爆炸事故。

(2) 天然气泄漏后含有部分硫化氢等有毒有害气体,人员吸入造成急性、慢性中毒事故。并且使空气中氧含量明显降低,当空气中甲烷达到25-30%时,可引起头痛、头晕、乏力、注意力不集中、呼吸和心跳加速、共济失调,若不及时脱离,可致窒息死亡。

(3) 天然气发生泄漏造成环境污染。

(4) 天然气泄漏后遇明火发生火灾。

10.2.2 加气站发生天然气泄漏事故的原因

10.2.2.1 站内设备设施发生泄漏的原因

(1) 站内设备设施长期使用,因锈蚀设备破裂泄漏;

(2) 站内设备各工艺连接卡套、阀件由于设备长时间震动发生松动;

(3) 违章作业造成设备超压爆裂引起天然气泄漏。

10.2.2.2 卸气区(卸气柱、CNG拖车)发生泄漏的原因

(1) 卸气区管线阀门因冻破裂泄漏;

(2) 卸气过程中卸气软管与拖车连接接头脱落发生天然气泄露;

(3) CNG拖车各阀门损坏造成天然气泄漏。

10.2.2.3 站内管线及阀门发生泄漏的原因

(1) 站内管线长期使用,因锈蚀管壁在输气过程中受压破裂泄漏;

(2) 站内管线、阀门因冻破裂泄漏;

(3) 阀门填料损坏发生天然气泄露。

10.2.3 应急抢险救援措施

10.2.3.1 站内设备设施泄漏

(1) 发现人按下最近的ESD钮,实施紧急停车,停止站内的加气作业,并向加气站值班经理或总值班员报告。

(2) 抢险救援组迅速关闭卸气柱阀门切断气源并关闭站内电源。

(3) 加气站值班经理得到报警立刻到达现场,根据现场天然气泄露情况实施救援方案。

① 若站内设备设施工艺管路各连接卡套、阀件处发生泄露,抢险组立即采取工艺控制措施将泄漏点的天然气放空泄压,对设备内残留的天然气进行氮气置换后,方可对设备进行维修。

② 若阀门受冻破裂或填料损坏造成天然气泄漏, 在所有设备停止运行后,抢险组关闭该设备前后进出气阀门并对设备内天然气放空泄压后使用防爆工具更换该阀门。

③ 通讯联络组迅速通知各救援组进入救援状态, 按各自职责准备救援,同时所有岗位立即停止各类作业。

④ 安全警戒组立即奔赴现场进行警戒, 清理站区周围的闲杂人员,清除所有火源,并在合适的部位摆放消防器材,以防火灾事故的发生。

⑤ 后勤保障组根据总指挥命令, 准备各种应急物资的供应等工作。

⑥ 后勤保障组将中毒和受伤人员转移到生活区, 做基本的救护工作,必要时派专车送往医院急救或拨打急救中心120电话求救。

10.2.3.2 CNG拖车泄漏

(1) 当发现CNG拖车泄漏时, 现场操作员要立即手动压下紧急ESD钮,关闭相关阀门,停止加气作业,并立即向值班经理报告。

(2) 值班经理得到报警立刻到达现场,根据现场泄露情况实施救援方案。

① 拖车瓶组主阀损坏泄露。抢险人员立即关闭卸气柱出口阀、拖车瓶组各分瓶阀,对卸气软管放空后卸下。打开拖车瓶组放空针阀和主阀,对拖车各分瓶管束内天然气放空泄压后方可维修和更换主阀。

② 拖车瓶组分瓶阀损坏泄露。抢险人员立即关闭卸气柱出口阀、

拖车瓶组各分瓶阀,对卸气软管放空后卸下。打开拖车瓶组放空针阀、主阀和泄露分瓶阀,对发生泄露的分瓶内天然气放空泄压后方可维修和更换分瓶阀。

(3) 安全警戒组立即奔赴现场进行警戒,疏散充装区闲杂人员,对进行加气作业的车辆要进行疏散,在事故现场6米范围之内严禁原地发动车辆,并在合适的部位摆放消防器材,以防在放空泄压时发生火灾事故。

(4) 后勤保障组将中毒和受伤人员转移到生活区,作基本的救护工作,必要时派专车送往医院急救或拨打急救中心120电话求救。

(5) 当现场处理完毕后,用肥皂水对更换阀门螺纹、卡套处进行检漏确认,并用可燃气体报警仪进行现场天然气浓度测试,直至正常时,方可恢复作业。

10.2.3.3 卸气柱发生天然气泄漏

(1) 当发现卸气柱发生泄漏时,现场操作员要立即压下紧急ESD钮,停止加气作业,关闭卸气柱的进口阀,切断通向卸气柱的气源,并向加气站值班经理或总值班员报告;

(2) 随后关闭拖车瓶组各阀门,打开卸气柱放空针阀对卸气柱放空后取下卸气软管。

(3) 加气站值班经理得到报警立刻到达现场,根据现场泄露情况实施救援方案。

(4) 安全警戒组立即奔赴现场进行警戒,疏散加气区闲杂人员及车辆,在事故现场6米范围之内严禁原地发动车辆,推离现场6米之外再发动车辆。并在合适的部位摆放消防器材,以防火灾事故的发生。

(5) 抢险人员立即利用防爆器具对卸气柱泄漏点进行维修,避免造成更大的泄漏。

(6) 后勤保障组将中毒和受伤人员转移到生活区,做基本的救护工作,必要时派专车送往医院急救或拨打急救中心120电话求救。

(7) 当现场处理完毕后,用肥皂水对泄漏点进行检漏确认,用可燃气体报警仪进行现场天然气浓度测试,直至正常时,方可恢复生产作业。

10.2.3.4 站内管线及阀门发生泄漏

(1) 当发现站内管线或阀门发生天然气泄漏时, 按下最近的ESD钮,实施紧急停车,停止加气作业,并向全站发出报警信号。

(2) 抢险人员立即关闭卸气柱、拖车瓶组阀门,并切断站内电源,防止天然气泄露事态扩大。

(3)总指挥得到报警立刻到达现场,根据现场天然气泄露情况实施救援方案。

(4) 抢险人员立即采取工艺控制措施,关闭泄露管线或阀门两端的其他阀门,并对泄露点设备放空泄压后进行维修或更换,如要电焊,则需将管线内的天然气进行氮气置换后方可进行维修作业。

(5) 安全警戒组立即奔赴现场进行警戒,清除各种火源,并在合适的部位摆放消防器材,以防火灾事故的发生。

(6) 后勤保障组将中毒和受伤人员转移到安全区,作基本的救护工作,必要时送往医院急救或拨打急救中心120电话求救。

(7) 当现场处理完毕后,用肥皂水对泄漏点进行检漏确认,用可燃气体报警仪进行现场天然气浓度测试,直至正常时,方可恢复生产作业。

10.2.5 应急救援程序启动

加气站发生天然气泄漏事故时,现场指挥启动天然气泄漏应急程序,应急救援过程中发生火灾事故,相应启动火灾应急程序。

10.2.4 事故应急救援终止程序

10.2.4.1 当确认天然气无泄漏迹象时,应急总指挥长宣布事故应急救援工作结束。

10.2.4.2 由通讯联络组通知,解除全体应急状态,清理事故现场,进行善后处理。

10.3 地震灾害事故应急预案

10.3.1 危险目标

10.3.1.1 危险目标名称：工艺设备区、生活区、配电室、加气区、卸气区。

10.3.1.2 危险目标的危险特性及对周边的影响：发生地震自然灾害后，可能对本站及毗邻单位人、财、物构成危险。发生地震灾害，造成管线的破裂，挥发的气体与空气混合后形成爆炸性气团，遇火源引起火灾、爆炸事故的发生，容易造成人员伤亡、引发事故，同时，对附近的其他管线及设备等因受热而内压升高，可能造成破裂或爆炸，扩大事故范围，爆炸产生的碎片和冲击波能使附近的人员伤亡，建筑物和设备受到损坏，引起连锁反应。另外，由于地震造成建筑物的倒塌可能会伤及人员。

10.3.2 地震灾害应急分类

(1) 临震应急

(2) 震时应急

(3) 震后抢险自救

10.3.3 应急抢险救援措施

10.3.3.1 临震应急抢险救援措施

(1) 在当地政府发布破坏性地震临震预报后，加气站进入临震应急期，临震应急期一般为10日，必要时，可以延长10日。

(2) 加气站经理对震前预防准备工作随时进行检查。

(3) 加气站抢险救援组人员应对硬性连接的管线拆开后用盲板封堵，对挠性连接的管线应进行检查其松弛度，并关闭阀门、切断电源，组织人员检查建筑物的防震状况，对隐患部位采取必要的加固防护措施。

(4) 做好不间断应急电源和发电机的检查保养工作,保证其完好有效,同时做好紧急维修各类设备的备品配件、工具和其他抢险用具的准备工作。

(5) 做好员工震前动员和防震知识的培训工作,并根据震情的变化以及实施中发现的问题,及时对应急措施进行修订、补充。

(6) 按照公司地震应急救援组织安排,做好加气站物资、设备、人员和占用场地的紧急调用工作。尽可能将贵重设备、加气站经营资料及档案转移至安全地带。

① 根据震情预报, 将站内的拖车瓶组紧急调运至安全空旷区域暂存。

② 准备好必备的抗震救援物资,并存放在安全地带。

10.3.3.2 震时应急程序

地震发生时,加气站现场人员应保持冷静,尽量远离建筑物,迅速撤离至空旷的安全地带,并向公司应急救援组织报警。

Ⅰ 预警方案

A 现场指挥行动措施

在发生一般强度、烈度地震,并且无严重破坏和损失的情况下,现场指挥在接到地震预报和通知时,负责实施此方案;

由现场指挥负责将全站应急组织职能立即转入震时职能,并发布动员令,号召全站员工投入抗震救灾工作;

由现场指挥负责召集小组进行简短的紧急会议,通报情况,明确责任,分头布置,分工行动;

及时发布疏散命令,督促员工疏散和撤离区域;

请公司做好救灾应急准备和物资支援等工作;

加气站经理、员工实行轮流昼夜值班,加强与各方面联系,掌握震情变化和救灾进展情况。

B 抢险救援组行动措施

安全救援组应立即通知加气作业人员和有危险性作业人员立即停止作业，关闭有关的电源、闸门、开关，做好防灾准备；

根据地震，按照就近从快的原则，及时将站内的拖车瓶组停放在空旷的安全地带；

后勤保障组应立即在加气站安全区搭建抗震棚，并准备好医疗和救护器材，组织员工向安全地区疏散；

抢险救援组应对要害设备、仪器进行观察、监视，并采取必要的防范和保障措施；

后勤保障组在疏散的同时，应对文件、资料、计量台账等进行特别保护和存放，严防在地震中受到破损和丢失。

C 安全警戒行动措施

安全警戒组人员在地震时担任警戒任务，届时将按紧急情况，分别在出入站口等重点部位进行巡逻、检查，严防不法分子的偷盗、破坏；

平时应与邻近单位搞好关系，震时可请求支援。

D 通讯联络和震情检测

由通讯联络人员每隔4小时同公司指挥部联络一次，汇报情况，听取指示；

指派专人与当地地震预报、监测机构进行联系，随时掌握，了解震情变化；

发动员工搜集大震、强震前的预兆情况，并及时向指挥部报告；

做好强震和大震前的撤离准备和物资筹集工作。

Ⅱ 突发方案

A 现场指挥应急措施

在发生强烈的破坏性地震并且来不及准备的情况下，站长负责实施本方案；

在来不及通知和预报的情况下，站长要当机立断，发挥单独指挥和应变能力，先采取措施，后汇报；

B 现场应急措施

任何人一旦发现和察觉地声、地光等震前异常现象,必须想尽办法尽快报警;

在夜间等特别危急的情况下,如有大震、强震预兆,值班人员立即向全站发出警报;

突发性地震来临时全站人员应就地进行紧急避震疏散;

震时,应特别沉着冷静,不能惊慌,更不能跳楼,一定要从安全通道进行撤离;

在紧急避震的同时,如有可能,应设法切断一切电源、火源、气源、管线阀门等;

避震疏散人员时应注意利用比较坚硬的桌、台、柜、床、墙角和跨度较小的建筑物进行躲避,但也应注意电击、火灾等伤害;

被疏散人员应利用地震间隙,以最快速度撤离危险区域,凡是撤出人员,应向站外的平地集中,不可拥挤、乱跑;

受伤人员应采取简便的自救、互救措施,老弱病残幼要特别关照、帮助;

所有工作抢险人员都必须发扬先人后己的精神,服从命令听从指挥。

C 抢救措施

抢险救援组在大震、强震过后,应立即投入站内抢险,首先抢救在危险区域无法脱险和撤出的人员;

立即抢救和安置受伤、肢残人员;对伤势严重者采取紧急处置措施后,马上转移到安全地带的医疗部门或临时医院进行治疗;

尽快恢复和上级有关部门的通讯联系,汇报灾情,听取指示。

D 抢险措施

对已发生险情的设施,建筑物和各种仪器、设备应立即抢修,尽快排除险情,保证站内安全;

如因设备和管线破裂,发生天然气泄漏现象,应立即戒严采取防范措施，并由抢险救援组组织人员对现场进行清理，防止引起火灾和爆炸事故。

E 防余震措施

大震过后，现场指挥应采取果断措施，密切监视震情，加强昼夜值班，防御余震发生；

加强对员工的思想教育，做好长期抗震防灾的思想准备；

筹集长期抗震的生产、生活物资，继续做好人员的疏散、安置、救护和撤离工作。

10.3.4 危险区的隔离

加气站现场指挥组织全体员工进行抢险救援工作，按照地震的强度、烈度和危险程度分别执行下列方案。

10.3.5 受伤人员现场救护、医院救治

10.3.5.1 后勤保障组迅速将受伤人员抬、扶至安全地带，立即对伤员进行急救。

10.3.5.2 急救中心救护人员到现场后，后勤组提供受伤人员的致伤信息、协助对伤员作进一步救治。如伤势较重，应立即送至距事故现场最近的医院进行抢救。

10.3.6 预案分级响应条件

10.3.6.1 当地方政府发布破坏性地震预警或发生破坏性地震时启动本预案。

10.3.6.2 当政府专业抗震救援部门到达现场后，应急救援总指挥长汇报现场及救援情况，服从统一指挥。

10.3.7 事故应急救援终止程序

10.3.7.1 当地方抗震救灾指挥部宣布震情已完全消散时，应急总指挥长宣布事故应急救援工作结束。

10.3.7.2 外部救援队伍及周边人员解除应急状态。

10.3.7.3 加气站开展灾后重建工作。

10.4 风灾、沙尘暴灾害事故应急预案

10.4.1 危险目标

10.4.1.1 危险目标名称:加气罩棚、建筑物、加气机。

10.4.1.2 危险目标的危险特性及对周边的影响

发生大风、沙尘暴灾害后,可能造成建筑物、设备倒塌并引起管线、设备泄漏的气体与空气混合后形成爆炸性气团,遇火源引起火灾、爆炸事故的发生,容易造成人员伤亡、引发事故,同时,对附近的其他管线及设备等因受热而内压升高,可能造成破裂或爆炸,扩大事故范围,爆炸产生的碎片和冲击波能使附近的人员伤亡,建筑物和设备受到损坏,引起连锁反应。另外,发生大风、沙尘暴灾害时卷起的杂物碰撞人员发生人员伤亡事故。

10.4.2 应急抢险救援措施

公司应急救援办公室接到当地气象部门预报或发现大风、沙尘暴预兆时,应及时向公司各站下达动员令,启动防风、防沙尘暴应急预案运行程序。

10.4.2.1 预防措施

(1) 加气站在接到公司应急救援办公室或当地政府部门的预报或发现大风、沙尘暴预兆后,按预定方案落实值班人员和安全巡检人员,保证通讯联络畅通。

(2) 立即组织有关人员对加气站按防风要求进行检查,重点检查防风措施的落实情况、各种设施设备运行情况及各类防风物资到位情况,并制定相应的防范措施,避免造成损失。

(3) 对重点防范的加气站配备一定数量的加固设施、绳索。

(4) 做好在用设备的维护保养,特别是加气站配备的发电机组的保养检查, 防止发生因无备用电源而无法保证抢险救灾工作的进行。

10.4.2.2 应急抢险程序

(1) 加气站发生风灾时，通讯联络组立即向公司应急救援组联系，并及时与当地政府、消防、公安、卫生等有关部门取得联系，合理争取外援。

(2) 加气站发生风灾时，站长或当班班长为现场抢险应急总指挥，在现场总指挥的全权指挥下，由安全警戒组立即切断加气站总电源，防止输电线路因风灾引起短路发生火灾，并做好警戒防范。

(3)应急抢险组应在加气站经理的统一指挥下，充分利用加气站自备防风物资迅速投入抢险战斗，力争减小伤亡和损失。

(4) 后勤保障组做好对加气站财产的保护，并将贵重或易坏物品放在风灾影响不到的地方，对台账、报表、档案资料指定专人妥善保管。

(5) 安全警戒组负责引导站内加气车辆和人员迅速驶离加气站到安全地域，并对加气站进行监护。

(6) 在对突发而来的大风、沙尘暴灾害，现场人员应在当班班长的统一指挥下迅速启动预案，抢险时应确保员工安全。

10.4.2.3 风灾过后恢复

(1) 风灾过后，应急抢险组应及时查看设备设施受损情况，并及时抢修损坏的设备设施。

(2) 安全警戒组做好警戒防范，严防发生次生灾害事故。

10.4.3 受伤人员现场救护、医院救治

10.4.3.1 后勤保障组迅速将受伤人员抬、扶至安全地带，立即对伤员进行急救。

10.4.3.2 急救中心救护人员到现场后，后勤组提供受伤人员的致伤信息、协助对伤员作进一步救治。如伤势较重，应立即送至距事故现场最近的医院进行抢救。

10.4.3 预案分级响应条件

10.4.3.1 当地方政府发布防风灾预警或发生大风、沙尘暴时启动

本预案。

10.4.3.2 当专业救援部门到达现场后,应急救援总指挥汇报现场及救援情况,移交指挥权,服从统一指挥。

10.4.4 事故应急救援终止条件

当风灾过后,应急总指挥长宣布应急外部救援队伍及周边人员解除应急状态。加气站组织开展灾后重建工作。

10.5 河汛、山洪、泥石流、滑坡灾害事故应急预案

10.5.1 危险目标

10.5.1.1 危险目标名称:压缩机区、加气区、CNG拖车停车区、配、发电室、营业室。

10.5.1.2 危险目标的危险特性及对周边的影响

发生河汛、山洪、泥石流、滑坡灾害后,可能造成设备内进水引起电路短路和设备损坏事故;造成工艺管线的破裂,泄露的天然气与空气混合后形成爆炸性气团,遇火源引起火灾、爆炸事故的发生,容易造成人员伤亡、引发事故,同时,对附近的其他管线及设备等因受热而内压升高,可能造成破裂或爆炸,扩大事故范围,爆炸产生的碎片和冲击波能使附近的人员伤亡,建筑物和设备受到损坏,引起连锁反应。还可能因河汛、山洪、泥石流、滑坡灾害引起建筑物坍塌发生人员伤亡事故。

10.5.2 应急要求

10.5.2.1 在接到河汛、山洪、泥石流、滑坡预警时将贵重设备及站内档案资料等转移至安全地点。

10.5.2.2 在河汛、山洪、泥石流、滑坡发生时,应迅速组织人员撤离至安全地带,并向公司应急救援组织报警。

10.5.2.3 加气站经理立即启动应急抢险预案。通讯联络员立即报告公司应急救援指挥部。

10.5.3 应急抢险救援预防措施

公司应急救援办公室接到当地气象部门预报或发现河汛、山洪、泥石流、滑坡预兆时,应及时向公司各站下达动员令,启动汛期防洪应急预案运行程序。

10.5.3.1 汛前预防措施

(1) 加气站在接到公司应急救援办公室或当地防汛部门的预报或发现河汛、山洪、泥石流预兆后,按预定方案落实值班人员和安全巡检人员,保证通讯联络畅通。

(2) 立即组织有关人员对加气站按防洪要求进行检查,重点检查防洪措施的落实情况、各种设施设备运行情况及各类防洪物资到位情况,并制定相应的防范措施,避免造成损失。

(3)对重点防洪加气站必须配备一定数量的沙袋,及时清理、疏通排洪沟,严防洪水进入站内或压缩机撬、配电室内。

(4) 在汛期,加气站增加驻站人员,增加巡检人员和安全巡检次数,认真落实“巡检复核制”,做好在用设备的维护保养,特别是加气站配备的发电机组的保养检查,防止发生洪水灾害时无备用电源而无法保证抢险救灾工作的进行。

(5) 易发生山体塌方或溢洪影响设备、设施地带,应驻简易护堤,防止水毁,重要物资应做安全转移。

(6) 经常对雨排系统清障、清淤,保证排洪系统完好。

(7) 检查防洪抢救工作的落实情况, 加强与当地政府及防汛、消防、公安、部队、卫生等有关部门的联系,积极配合落实救灾工作的应急物品供应工作。

(8) 根据应急措施计划,准备好汛时抢救设备和器材,以便抢险时使用。

(9) 做好汛期防洪值班通讯联络,及时向当地政府和上级公司通报灾情有关情况,合理争取外援。

10.5.3.2 应急抢险程序

(1) 加气站发生汛情时，通讯联络组立即向公司应急救援组联系,并及时与当地政府及防汛、消防、公安、部队、卫生等有关部门取得联系,合理争取外援。

(2) 加气站发生汛情时,加气站经理或当班班长为现场抢险应急总指挥,在现场总指挥的全权指挥下,由安全警戒组立即切断或关闭加气站总电源,防止洪水灾害时变压器、配电柜短路发生火灾,并做好警戒防范。

(3)应急抢险组应在加气站经理的统一指挥下,充分利用加气站自备防汛抗洪物资迅速投入抢险战斗,力争减小伤亡和损失。

(4) 应急抢险组对站内设备可能进入洪水的部位进行密封,做好安全防范工作。

(5) 后勤保障组做好对加气站财产的转移,并将贵重物品放在安全的地方,对台账、报表、档案资料指定专人妥善保管。

(6) 安全警戒组负责引导站内车辆和人员迅速撤离到安全地域,并对加气站进行监护。

(7) 在对突发而来的河汛、山洪、泥石流、滑坡灾害，现场人员应在加气站经理的统一指挥下迅速撤离,确保员工安全。

10.5.3.3 汛后恢复

(1) 汛情过后,应急抢险组应及时查看设备设施受损情况,并及时抢修损坏的设备设施。

(2) 安全警戒组做好警戒防范,严防发生次生灾害事故。

10.5.4 受伤人员现场救护、医院救治

10.5.4.1 后勤保障组迅速将受伤人员抬、扶至安全地带,立即对伤员进行急救。

10.5.4.2 急救中心救护人员到现场后,后勤组提供受伤人员的致伤信息、协助对伤员作进一步救治。如伤势较重,应立即送至距事故现

场最近的医院。

10.5.5 预案分级响应条件

10.5.5.1 当地方政府发布防汛、抗洪预警或发生洪水、泥石流、滑坡时启动本预案。

10.5.5.2 当专业救援部门到达现场后,应急救援总指挥汇报现场及救援情况,移交指挥权,服从统一指挥。

10.5.6 事故应急救援终止

当洪水、泥石流、滑坡灾害过后,应急总指挥长宣布应急外部救援队伍及周边人员解除应急状态。加气站组织开展灾后重建工作。

10.6 意外人身伤害应急预案

10.6.1 危险目标的危险特性及对周边的影响

10.6.1.1 危险目标名称:加气机、CNG拖车、配电设施等。

10.6.1.2 加气站发生意外人身伤害事故危险特性:在保养维护压缩机时发生高压天然气泄露引起的物体打击伤害操作人员;在加气时发生高压天然气泄露或加气软管脱落击伤操作人员; 在操作配电柜、软启动柜时发生意外触电事故;在进行卸气作业时从拖车瓶组踏板滑落发生人员伤亡事故;或在压缩机等动力设备运转时意外造成身体伤残事故。

10.6.2 应急救援程序

10.6.2.1 发现有人受伤时应实施现场救援。

10.6.2.2 事故第一发现者首先报告加气站值班站长(值班人员),拨打120报警并上报公司应急办公室。

10.6.2.3 值班站长(值班人员)立即启动应急预案。

10.6.3 应急救援措施

10.6.3.1 人员跌落事故应急程序

(1) 报警

当有人从CNG拖车坠落时应停止现场作业,视受伤情况进行现场救护,如伤情严重立即将伤员送至医院或拨打120急救中心电话求救,说明事发地点等情况,同时向公司应急办公室报告。

(2) 急救

根据受伤人员情况做必要的护理(护理详见附件),将受伤人员平放在木板上,转移到生活区,待医务人员赶到后再做专业性急救。

(3) 伤员离开后,清理作业现场,恢复生产。

10.6.3.2 机械伤害事故应急行动程序

(1) 报警

在设备运行中有人受到机械伤害时,在场人员展开自救,伤情严重时,立即拨打120急救中心电话求救,说明出事地点等情况,并向公司应急办公室报告。

(2) 急救

对受伤人员做必要的护理,将受伤人员转移到安全区,待医务人员赶到后再做专业性急救。

(3) 伤员离开后,清理作业现场,恢复生产。

10.6.3.3 人员触电事故应急行动程序

(1) 报警

当作业人员发生触电, 在场监护人立即拨打120急救中心电话求救,说明单位、地点、伤害人数,并向公司应急办公室报告。

(2) 急救

报警同时,监护人员切断该设备电源(电源未切断前,不得用手接触触电人员),如电源较远来不及切断时,应利用木棍等绝缘工具使触电人员脱离电气设备;监护人员立即对伤员作必要的救护工作,待医务人员赶到后再做专业性急救。

(3) 伤员离开后,清理作业现场,恢复生产。

10.6.4 受伤人员现场救护、医院救治

10.6.4.1 伤员救护组迅速将受伤人员抬、扶至隔离区外的安全地带,立即对伤员进行急救。

10.6.4.2 急救中心救护人员到现场后,伤员救护组提供受伤人员的致伤信息、协助对伤员作进一步救治。如伤势较重,应立即送至距事故现场最近的医院进行抢救。

10.6.5 落实意外人身伤害事故预案要求

(1) 加气站每个员工要熟记预案,加强责任心,增强防范意识。

(2) 加气站要加强岗位安全教育培训,自觉维护企业利益。

(3) 加气站员工要严格执行岗位操作规程,落实巡检复查制度。

10.7 防盗窃、抢劫、诈骗、破坏应急预案

10.7.1 危险目标

10.7.1.1 危险目标名称:现金、设备设施、营业室。

10.7.1.2 危险目标的危险特性及对周边的影响:加气站发生盗窃、抢劫、诈骗、破坏等治安事件后,经济财产的损失,并影响到生产业务的中断,造成加气站销售断档;在犯罪分子作案时有可能造成人员伤亡事故。

10.7.2 应急要求

10.7.2.1 事故(事件)第一发现者首先报告值班站长(值班人员),拨打110报警并上报公司。

10.7.2.2 值班站长(值班人员)立即启动应急预案。

10.7.2.3 发现有人受伤时应实施现场救援。

10.7.3 应急救援措

10.7.3.1 抢劫

Ⅰ 重点部位:营业室

Ⅱ 应急措施

当遇到歹徒抢劫时,要及时拨打110报警,并向公司应急救援指挥部报告。

营业室严禁无关人员进入。

一旦遇到犯罪分子闯入室内,要大声呼救,使值班人员和其他在岗人员听到后前来救助。

如遇到歹徒人多、无法抵抗时,要首先保护自身安全,机智地与歹徒周旋,拖延时间,等待救援。

妥善保护好监控录像资料,及时向警方提供资料。

10.7.3.2 盗窃

Ⅰ 重点部位:营业室、更衣室。

Ⅱ 应急措施

发生盗窃事件时员工要保护好自身安全,及时拨打110报警并保护好现场。

巡检时应密切注视检查站内动向,有效做到巡检区域到位,及时发现危险情况,及时报警并采取相关措施。

严格执行进站检查制度。

夜间值班人员不得擅自离岗,保持高度的警觉性和防范意识。

10.7.3.3 破坏

Ⅰ重点部位:压缩机区、加气区、储气瓶组、CNG拖车停车区。

Ⅱ应急措施:

员工要熟悉周边的治安情况,了解当地的治安重点人员情况。发生破坏事件时,要及时拨打110报警并保护好现场并向公司应急救援指挥部报告。

根据现场情况,启动加气站应急预案展开救援。

值班期间要对站内设备设施、配电室、营业室等重点部位进行全面检查,对可疑人员要重点防范。

注意观察加气站内、外情况,预防突发事件发生。

10.7.4 受伤人员现场救护、医院救治

10.7.4.1 伤员救护组迅速将受伤人员抬、扶至隔离区外的安全地带,立即对伤员进行急救。

10.7.4.2 急救中心救护人员到现场后,伤员救护组提供受伤人员的致伤信息、协助对伤员作进一步救治。如伤势较重,应立即送至距事故现场最近的医院进行抢救。

10.7.5 落实治安防范预案要求

(1) 加气站每个员工要熟记治安防范预案,加强责任心,增强防范意识。

(2) 加气站要加强门窗的安全可靠度,做到物防、技防、人防三到位。

(3) 加气站要加强安全教育培训,自觉维护企业利益。

(4) 加气站要加强联防和夜间巡查制度,遇有情况紧急出动。

(5) 加气站要建立治安防范制度,做到谁在岗、谁负责。

10.8 突发恐怖袭击应急预案

10.8.1 危险目标

10.8.1.1 危险目标名称:压缩机、卸气柱、储气瓶组、加气机、配电室、拖车瓶组。

10.8.1.2 危险目标的危险特性及对周边的影响

发生恐怖袭击后,可能引起火灾、爆炸事故的发生,容易造成人员伤亡、引发事故,同时,对附近的其他管线及设备可能造成破裂或爆炸,扩大事故范围,爆炸产生的碎片和冲击波能使附近的人员伤亡,建筑物和设备受到损坏,引起连锁反应。

10.8.2 应急要求

10.8.2.1 事故(事件)第一发现者首先报告值班站长(值班人员),拨打110报警并上报公司。

10.8.2.2 值班站长(值班人员)立即启动应急预案。

10.8.2.3 发现有人受伤时应实施现场救援。

10.8.3 应急抢险程序

(1) 迅速对事件现场进行实时监控、封闭、追踪,并上报事态发展变化情况。

(2) 在事发现场实行双岗值班,加强进出人员的检查;

(3) 对核辐射、生物、化学恐怖袭击事件,反恐应急指挥部要迅速向上级应急办公室和当地政府报告,请求组织有关部门(单位)的专门检验鉴定力量和相关专家深入研究、判明事件的性质和危害程度,采取相应的处置措施;

(4) 抢救受伤人员,进行简单处置后立即送往医院;

(5) 根据现场情况疏散周边人员到安全区域,并进行安置;

(6) 设立警戒线,封锁和隔离相关区域,控制无关人员进入事发现场;

(7) 根据现场情况进行按照各专项预案进行抢险救援工作;

(8) 向事发现场运送应急物资,保持现场及外部通讯联络畅通;

(9) 根据现场指挥部的命令进行处置。

10.8.4 突发恐怖袭击事件过后恢复

(1) 突发恐怖袭击事件过后,应急抢险组应及时查看设备设施受损情况,并及时抢修损坏的设备设施。

(2) 安全警戒组做好警戒防范,严防发生次生灾害事故。

10.8.5 受伤人员现场救护、医院救治

10.8.5.1 后勤保障组迅速将受伤人员抬、扶至安全地带,立即对伤员进行急救。

10.8.5.2 急救中心救护人员到现场后,后勤组提供受伤人员的致伤信息、协助对伤员作进一步救治。如伤势较重,应立即送至距事故现场最近的医院进行抢救。

10.8.6 预案分级响应条件

10.8.6.1 当突发恐怖袭击事件时启动本预案。发生恐怖袭击事件

后引起火灾、爆炸事故时相应启动对应的应急救援预案。

10.8.6.2 当专业救援部门到达现场后，应急救援总指挥汇报现场及救援情况，移交指挥权，服从统一指挥。

10.8.7 事故应急救援终止条件

当突发恐怖袭击事件过后，应急总指挥长宣布应急外部救援队伍及周边人员解除应急状态。加气站组织开展灾后重建工作。

10.9 突发公共卫生事件应急预案

10.9.1 危险目标

10.9.1.1 危险目标名称：员工餐厅、饮用水源、传染病源。

10.9.1.2 危险目标的危险特性及对周边的影响

发生食物中毒或重大传染病疫情后，可能引起人员中毒导致死亡或引起更大范围内的疫病传染，严重时将影响公司的正常生产经营。还可能造成社会大规模疫病的传染，危害社会公众安全。

10.9.2 应急要求

10.9.2.1 事故(事件)第一发现者首先报告值班站长(值班人员)，拨打120报警并上报公司应急办公室。

10.9.2.2 值班站长(值班人员)立即启动应急预案。

10.9.2.3 发现有人受伤时应实施现场救援。

10.9.3 突发公共卫生事件应急程序

10.9.3.1 传染病疫情和群体性不明原因疾病

(1) 启动日报告和零报告制度，实行24小时值班制度，加强疫情通报。

(2) 做好进入应急状态的准备，落实各项防治措施。

(3) 加气站内如尚无疫情发生，可保持正常的工作和生活秩序，但对集体活动进行控制。

(4) 传染病流行时加强对发热病人的追踪管理；呼吸道传染病流

行期间,对会议室、食堂等公共场所必须加强通风换气,并采取必要的消毒措施;肠道传染病流行期间,对厕所、粪便、食堂及饮用水应加强消毒,并加强除“四害”工作。

(5) 对全体员工每日定时测量体温,发现异常情况及时上报。

(6) 对重大传染病的密切接触者,加气站要配合卫生部门做好隔离、医学观察和消毒等工作。

(7) 加气站根据情况,及时向员工通报疫情防控工作的情况。

10.9.3.2 食物中毒

及时掌握员工健康状况,一旦发生加气站内食物中毒或可疑食物中毒时,应急指挥部应做好下列工作:

(1) 应急抢险组立即将中毒员工送往医院,协助医疗机构救治中毒人员,对事发现场进行消毒和处理。

(2) 安全警戒组保护事发现场,保留造成食物中毒或者可能导致食物中毒的食品及其原料、工具、设备和现场,待确认后交予卫生行政部门处理。

(3) 食堂立即停止职工用餐,应急办公室在第一时间报告当地卫生行政和公安等主管部门;封存剩余可疑的中毒食品和物品,控制可疑水源等,防止中毒范围扩大。

(4) 积极配合卫生行政、公安部门进行调查,并按其要求如实提供有关材料和样品。

(5) 落实卫生行政部门要求采取的其他措施,并妥善处理善后事宜,维持加气站正常的工作、生活秩序;

(6) 配合卫生行政部门分析引起食物中毒的原因,总结经验教训,提出整改意见,杜绝类似事件再次发生。

10.9.4 应急终止

经现场应急指挥部确认下列条件同时满足时,现场应急指挥部完成应急救援总结报告,报公司应急办公室批准后,由现场应急指挥部宣布应急终止：

① 上级公司、国家或政府主管部门应急处置已经终止；

② 突发公共卫生事件隐患或相关危险因素消除；

③ 末例传染病病例发生后经过最长潜伏期无新的病例出现；

④ 损失控制在最小；

⑤ 社会影响减到最小。

10.9.5 应急后期处置

10.9.5.1 应急结束后加气站应协助做好受害人员及家属的安置工作。

10.9.5.2 在确保人员、环境安全的情况下，尽快恢复生产。

10.9.5.3 按照应急事件调查组的要求，加气站应如实提供事件相关材料；不得隐瞒或恶意毁坏证据。

十一 应急救援保障

11.1 应急资料信息

表11 应急资料信息

资料名称	存放地点	保管人
加气站平面布置图		
加气站工艺流程图		
加气站消防工艺流程图		
加气站危险区域划分图		
逃生线路图		
建筑物结构图		
周边区域图、交通管制图		
危险化学品安全技术说明书		
互救信息资料		

11.2 外部可利用资源

表12 外部可利用资源

紧急事件	外部资源	报警(联系)电话
火灾、爆炸		
人员受伤、中毒		
治安或恐怖袭击		
暴雨洪水、大风、沙尘暴等其他灾害		

11.3 毗邻联防单位救援方式

发生突发事件(事故),立即通过电话向毗邻联防单位请求支援和协助。

11.4 政府协调应急救援

在事故(事件)、灾害无法控制时,立即向当地政府报告,请求政府动员相关组织和力量进行应急救援。

十二 应急培训计划

12.1 培训目标

12.1.1 应急救援人员熟悉掌握应急救援预案的内容、程序和实施方法。

12.1.2 了解掌握应急救援预案和实施程序变动情况。

12.1.3 提高应急反应、组织各级人员警惕性和应急反应综合素质。

12.2 培训内容和时间

12.2.1 危险目标的基本情况,危害识别,应急措施。

12.2.2 应急救援的方式、方法,应急救援物资使用操作技能。

12.2.3 各应急小组职责及任务。

12.2.4 应急响应条件、信号;如何启动紧急报警系统,如何安全疏散人群等基本操作。

12.2.5 现场急救和伤员转移等应急救援技能。

12.2.6 对周边人员进行应急响应指示宣传及培训。

12.2.7 培训时间为每季度至少一次。

十三 应急预案演练

13.1 演练方式分为三种:桌面演练、模拟演练、实战演练。

13.2 年初由加气站经理负责制定本站年度演练计划,实施前制定演练方案,确定演练部位、参加演练人员、演练类型、做好方案的培训,演练后作出评价并做好记录。

13.3 应急演练每月至少一次,由加气站经理负责组织实施。

十四 应急预案的编写、变更及审批

14.1 应急救援预案由加气站根据本站实际情况组织编写,由储运安全部审核,经公司分管安全的副经理批准,报当地安全生产部门、公安消防部门备案。

14.2 若组织机构、指挥部成员调整,消防设施设备发生变化,国家、省及中国石油股份有限公司对应急预案编写及演练规定有变动时,应对应急救援预案进行修改完善,并按规定程序变更、审批。

十五 附 件

15.1 应急救援有关人员联系电话

表13 加气站应急救援有关人员联系电话

姓名	职务	办公电话	住宅电话	手机

15.2 加气站平面布置图

15.3 加气站工艺流程图

15.4 加气站要害部位分布图

15.5 消防设施配置图

15.6 灭火作战力量部署图

15.7 逃生线路图

15.8 周边区域道路交通示意图和疏散路线、交通管制示意图

15.9 人员意外伤害急救方法(触电急救方法、创伤急救方法、烧伤烫伤急救方法、高温中暑急救方法)

15.9.1 触电急救方法

15.9.1.1 脱离电源

(1) 触电急救,首先要使触电者迅速脱离电源,越快越好。

(2) 在脱离电源中,救护人员既要救人,也要注意保护自己。

(3) 触电者未脱离电源前,救护人员不准直接用手触及伤员。

(4) 如触电者处于高处,必须防止高处坠落,并采取预防措施。

(5) 触电者触及低压带电设备,救护人员应设法迅速切断电源,如拉开电源开关或刀闸,拔除电源插头等;或使用绝缘工具、干燥的木棒、木板、绳索等不导电的介质解脱触电者;也可抓住触电者干燥而不贴身的衣服,将其拖开,切记要避免碰到金属物体和触电者的身躯;也可戴绝缘手套或将手用干燥衣物等包起绝缘后解脱触电者;救护人员也可站在绝缘垫上或干木板上,绝缘自己进行救护。为使触电者与导电体解脱,最好用一只手进行。也可用干木把斧子或有绝缘柄的钳子等将电线剪断。剪断电线要分相,一根一根地剪断,并尽可能站在绝缘物体或干木板上。

(6) 触电者触及高压带电设备,救护人员应迅速切断电源,或用适合该电压等级的绝缘工具(戴绝缘手套、穿绝缘靴并用绝缘棒)解脱触电者。救护人员在抢救过程中应注意保持自身与周围带电部分必要

的安全距离。

(7) 如果触电者触及断落在地上的带电高压导线,且尚未确证线路无电,救护人员在未做好安全措施(如穿绝缘靴或临时双脚并紧跳跃地接近触电者)前,不能接近断线点8~12米范围内,防止跨步电压伤人。触电者脱离带电导线后亦应迅速离至8~12米范围以外后立即开始触电急救。只有在确证线路已经无电,才可在触电者离开触电导线后,立即就地进行急救。

(8) 救护触电伤员切除电源时,有时会同时使照明失电,因此应考虑事故照明、应急灯等临时照明。新的照明要符合使用场所防火、防爆的要求。但不能因此延误切除电源和进行急救。

15.9.1.2 伤员脱离电源后的处理:

(1) 触电伤员如神志清醒者,应使其就地躺平,严密观察,暂时不要站立或走动。

(2) 触电伤员如神志不清醒者,应就地仰面躺平,且确保气道通畅,并用5秒时间,呼叫伤员或轻拍其肩部,以判定伤员是否意识丧失。禁止摇动伤员头部呼叫伤员。

(3) 需要抢救的伤员,应立即就地坚持正确抢救,并设法联系医疗部门接替救治。

(4) 呼吸、心跳情况的判定:触电伤员如意识丧失,应在12秒内,用看、听、试的方法,判定伤员呼吸心跳情况。

看——看伤员的胸部、腹部有无起伏动作;

听——用贴近伤员的口鼻处,听有无呼气声音;

试——试测口鼻有无呼气的气流。再用两手指轻试一侧(左或右)喉结旁凹处的颈动脉有无搏动。

若看、听、试结果,既无呼吸又无颈动脉搏动,可判定呼吸心跳停止。

(5) 心肺复苏法:

触电伤员呼吸和心跳停止时,应立即按心肺复苏法支持生命的三

项基本措施,正确进行就地抢救。

Ⅰ通畅气道

① 触电伤员呼吸停止,重要的是始终确保气道通畅。如发现伤员口内有异物,可将其身体及头部同时侧转,迅速用一个手指或用两个手指交叉从口角处插入,取出异物;操作中要注意防止将异物推到咽喉深部。

② 通畅气道可采用仰头抬颏法。用一只手放在触电者前额,另一只手的手指将其下颌骨向上抬起,两手协同将头部推向后仰,舌根随之抬起,气道即可通畅。严禁用枕头或其他物品垫在伤员头下,头部抬高前倾,会更加重气道阻塞,且使胸外按压时流向脑部的血流减少,甚至消失。

Ⅱ口对口人工呼吸

① 在保持伤员气道通畅的同时,救护人员用放在伤员额上的手指捏住伤员鼻翼,救护人员深吸气后,与伤员口对口紧合,在不漏气的情况下,先连续大口吹气两次,每次1~1.5秒。如两次吹气后试测颈动脉仍无搏动,可判断心跳已经停止,要立即同时进行胸外按压。

② 开始时大口吹气两次外,正常口对口(鼻)呼吸的吹气量不需过大,以免引起胃膨胀。吹气和放松时要注意伤员胸部应有起伏的呼吸动作。吹气时如有较大阻力,可能是头部后仰不够,应及时纠正。

③ 触电伤员如牙关紧闭,可口对鼻人工呼吸。口对鼻人工呼吸吹气时,要将伤员嘴唇紧闭,防止漏气。

Ⅲ胸外按压(人工循环)

① 确定正确按压位置的步骤:

右手的食指和中指沿触电伤员的右侧肋弓下缘向上,找到肋骨和胸骨结合处的中点;

两手指并齐,中指放在切迹中点(剑突底部),食指平放在胸骨下部;另一只手的掌根紧挨食指上缘,置于胸骨上,即为正确按压位置。

② 正确的按压姿势：

使触电伤员仰面躺在平硬的地方，救护人员立或跪在伤员一侧肩旁，救护人员的两肩位于伤员胸骨正上方，两臂伸直，肘关节固定不屈，两手掌根相叠，手指翘起，不接触伤员胸壁；以髋关节为支点，利用上身的重力，垂直将正常成人胸骨压陷3~5厘米(儿童和瘦弱者酌减)；压至要求程度后，立即全部放松，但放松时救护人员的掌根不得离开胸壁。按压必须有效，有效的标志是按压过程中可以触及颈动脉搏动。

③ 操作频率：

胸外按压要以均匀速度进行，每分钟80次左右，每次按压和放松的时间相等；胸外按压与口对口人工呼吸同时进行，其节奏为：单人抢救时，每按压15次后吹气2次(15:2)，反复进行；双人抢救时，每按压5次后由另一人吹气1次(5:1)，反复进行。

15.9.1.3 抢救过程中的再判定

(1) 按压吹气1分钟后（相当于单人抢救时作了4个15:2压循环），应用看、听、试方法在5~7秒时间内完成对伤员呼吸和心跳是否恢复的再判定。

(2) 若判定颈动脉已有搏动但无呼吸，则暂停胸外按压，而再进行2次口对口人工呼吸，接着每5秒吹气一次(即每分钟12次)。如脉搏和呼吸均未恢复，则继续坚持心肺复苏法抢救。

(3) 在抢救过程中，要每隔数分钟再判定一次，每次判定时间均不得超过5~7秒。在医务人员未接替抢救前，现场抢救人员不得放弃现场抢救。

15.9.1.4 抢救过程中伤员的移动与转院

(1) 心肺复苏法应在现场就地坚持进行，不要为方便而随意移动伤员，如确需要移动时，抢救中断时间不应超过30秒。

(2) 移动伤员或将伤员送医院时，除应使伤员平躺在担架上并在其背部垫平硬阔木板，移动或送医院过程中应继续抢救，心跳呼吸停

止者要继续心肺复苏法抢救,在医务人员未接替救治前不能终止。

(3) 应创造条件,用塑料袋装入砸碎冰屑做成帽状包绕在伤员头部,露出眼睛,使脑部温度降低,争取心肺脑完全复苏。

15.9.1.5 伤员好转后的处理

如伤员的心跳和呼吸经抢救后均已恢复, 可暂停心肺复苏法操作,但心跳呼吸恢复的早期有可能再次骤停,应严密监护,不能麻痹,要随时准备再次抢救。初期恢复后,神志不清或精神恍惚、躁动,应设法使伤员安静。

15.9.2 创伤急救

15.9.2.1 人员自保

(1) 若作业人员从高空坠落的紧急时刻,应立即将头前倾,下颌紧贴胸骨,这一姿势应保持到身体被悬托为止。

(2) 下坠时,应尽可能地去抓住附近可能被抓住的物体,当被抓的某一物体松脱时,应迅速抓住另一物体,以减缓下坠速度。

(3) 凡有可能撞到建筑物和坠地时,坠落者应紧急弯脚屈腿以缓和撞击。

15.9.2.2 急救措施

(1) 创伤急救的基本要求

(2) 创伤急救原则上是先抢救,后固定,再送医院,并注意采取措施,防止伤情加重或污染。需要送医院救治的,应立即做好保护伤员措施后送医院救治。

(3) 抢救前先使伤员安静躺平,判断全身情况和受伤程度,如有无出血、骨折和休克等。

(4) 外部出血立即采取止血措施,防止失血过多而休克。外观无伤,但呈休克状态,神志不清,或昏迷者,要考虑胸腹部内脏或脑部受伤的可能性。

(5) 为防止伤口感染,应用清洁布片覆盖。救护人员不得用手直

接接触伤口,更不得在伤口内填塞任何东西或随便使用药。

(6) 搬运时应使伤员平躺在担架上,腰部束在担架上,防止跌下。平地搬运时伤员头部在后,上楼、下楼、下坡时头部在上,搬运中应严密观察伤员,防止伤情突变。

15.9.2.3 止血

(1) 伤口渗血:用较伤口稍大的消毒纱布数层覆盖伤口,然后进行包扎。若包扎后仍有较多渗血,可再加绷带适当加压止血。

(2) 伤口出血呈喷射状或鲜红血液涌出时,立即用清洁手指压迫出血点上方(近心端),使血流中断,将出血肢体抬高或举高,以减少出血量。

(3) 用止血带或弹性较好的布带等止血时,应先用柔软布片或伤员的衣袖等数层垫在止血带下面,再扎紧止血带以刚使肢端动脉搏动消失为度。上肢每60分钟,下肢每80分钟放松一次,每次放松1~2 min开始扎紧与放松的时间均与书面标明在止血带旁。扎紧时间不宜超过四小时。不要在上臂中三分之一处和腋窝下使用止血带,以免损伤神经。若放松时观察已无大出血可暂停使用。

注:严禁用电线、铁丝、细绳等作止血带使用。

(4) 高处坠落、撞击、挤压可能有胸腹内脏破裂出血。受伤者外观无出血但常表现为面色苍白,脉搏细微,气促,冷汗淋漓,四肢厥冷,烦躁不安,甚至神志不清等休克状态,应迅速躺平,抬高下肢,保持温暖,速送医院救治。若送院途中时间较长,可给伤员饮用少量糖盐水。

15.9.2.4 骨折急救

(1) 肢体骨折可用夹板或木棍、竹竿等将断骨上、下两个关节固定,也可利用伤员身体进行固定,避免骨折部位移动,以减少疼痛,防止伤势恶化。

(2) 开放性骨折,伴有大出血者,先止血,再固定,并用干净布片覆盖伤口,然后速送医院救治。切勿将外露的断骨推回伤口内。

(3) 疑有颈椎损伤,在使伤员平卧后,用沙土袋(或其他代替物)放置头部两侧,使颈部固定不动。必须进行口对口呼吸时,只能采用抬头使气道通畅,不能再将头部后仰移动或转动头部,以免引起截瘫或死亡。

(4) 椎骨折应将伤员平卧在平硬木板上,将腰椎躯干及二侧下肢一同进行固定预防瘫痪。搬动时应数人合作,保持平稳,不能扭曲。

15.9.2.5 颅脑外伤

(1) 应使伤员采取平卧位,保持气道通畅,若有呕吐,应扶好头部和身体,使头部和身体同时侧转,防止呕吐物造成窒息。

(2) 耳鼻有液体流出时,不要用棉花堵塞,可轻轻拭去,以利降低颅内压力。也不可用力擤鼻,排除鼻内液体时,或将液体再吸入鼻内。

(3) 颅脑外伤时,病情可能复杂多变,禁止给予饮食,速送医院诊治。

15.9.3 烧伤、烫伤急救

15.9.3.1 人员自保

(1) 伤员应迅速脱离现场,及时消除致伤原因。

(2) 处在浓烟中,应采用弯腰或匍匐爬行姿势。有条件的要用湿毛巾或湿衣服捂住鼻子行走。

(3) 楼下着火时, 可通过附近的管道或固定物上拴绳子下滑;或关严门,往门上泼水。

(4) 若身上着火应尽快脱去着火或沸液浸渍的衣服;如来不及脱着火衣服时,应迅速卧倒,慢慢就地滚动以压灭火苗;如临近有凉水,应立即将受伤部位浸入水中,以降低局部温度。但切勿奔跑呼叫或用双手扑打火焰,以免助长燃烧和引起头部、呼吸道和双手烧伤。

15.9.3.2 现场救护

(1) 烧伤急救就是采用各种有效的措施灭火,使伤员尽快脱离热源,尽量缩短烧伤时间。

(2) 对已灭火而未脱衣服的伤员必须仔细检查,检查全身状况和有无并合损伤,电灼伤、火焰烧伤或高温气、水烫伤均应保持伤口清洁。伤员的衣服鞋袜用剪刀剪开后除去。伤口全部用清洁布片覆盖,防止污染。四肢烧伤时,先用清洁冷水冲洗,然后用清洁布片消毒纱布覆盖送往医院。

(3) 对爆炸冲击波烧伤的伤员要注意有无脑颅损伤,腹腔损伤和呼吸道损伤。

(4) 烧毁的、打湿的或污染的衣服除去后,应立即用三角巾、干净的衣物被单覆盖包裹,冬天用干净单子包裹伤面后,再盖棉被。

(5) 强酸或碱等化学灼伤应立即用大量清水彻底冲洗,迅速将被侵蚀的衣物剪去。为防止酸、碱残留在伤口内,冲洗时一般不少于12分钟。对创面一般不做处理,尽量不弄破水泡,保护表皮。同时检查有无化学中毒。

(6) 对危重的伤员,特别是对呼吸、心跳不好或停止的伤员立即就地紧急救护,待情况好转后再送医院。

(7) 未经医务人员同意,灼伤部位不宜敷搽任何东西和药物。

(8) 送医院途中,可给伤员多次少量口服精盐水。

15.9.4 高温中暑急救

15.9.4.1 烈日直射头部,环境温度过高,饮水过少或出汗过多等可以引起中暑现象,其症状一般为恶心、呕吐、胸闷、眩晕、嗜睡、虚脱,严重时抽搐、惊厥甚至昏迷。

15.9.4.2 应立即将病员从高温或日晒环境转移到阴凉通风处休息。用冷水擦浴,湿毛巾覆盖身体,电扇吹风,或在头部置冰袋等方法降温,并及时给病人口服盐水。严重者送医院治疗。

15.10 危化品理化特性表

表14 天然气理化特性表

<table>
<tr><td rowspan="3">标识</td><td>中文名</td><td>甲烷</td><td>英文名</td><td>methane</td></tr>
<tr><td>分子式</td><td>CH_4</td><td>危货及 UN 编号</td><td>21007;1971</td></tr>
<tr><td>包装标志</td><td>易燃气体</td><td>包装类别</td><td>Ⅱ类包装</td></tr>
<tr><td rowspan="8">理化特性</td><td>沸点</td><td>-161.5 ℃</td><td>熔点</td><td>-182.5 ℃</td></tr>
<tr><td>相对密度(水=1)</td><td>0.42(-164 ℃)</td><td>相对密度(空气=1)</td><td>0.55</td></tr>
<tr><td>外观性状</td><td colspan="3">无色无臭气体。</td></tr>
<tr><td>溶解性</td><td colspan="3">微溶于水,溶于醇、乙醚。</td></tr>
<tr><td>稳定性</td><td colspan="3">稳定。</td></tr>
<tr><td>主要用途</td><td colspan="3">用于民用燃料和用于炭黑、氢、乙炔、甲醛的制造。</td></tr>
<tr><td>燃烧热(KJ/mol)</td><td>889.5</td><td>饱和蒸气压(KPa)</td><td>53.32(-168.8 ℃)</td></tr>
<tr><td>临界压力</td><td>4.59 MPa</td><td>临界温度</td><td>-82.6 ℃</td></tr>
<tr><td rowspan="6">燃爆特性</td><td>闪点</td><td>-188 ℃</td><td>爆炸极限</td><td>5.3~15%</td></tr>
<tr><td>引燃温度</td><td>538 ℃</td><td>最大爆炸压力</td><td>0.717 MPa</td></tr>
<tr><td>禁配物</td><td>强氧化剂、卤素</td><td></td><td></td></tr>
<tr><td>火灾危险性</td><td>甲</td><td>危险性类别</td><td>第 2.1 类,易燃气体</td></tr>
<tr><td>危险特性</td><td colspan="3">易燃气体。与空气混合能形成爆炸性混合物,遇热源和明火有燃烧爆炸的危险。与五氧化溴、卤素、液氧及其他强氧化剂接触剧烈反应。</td></tr>
<tr><td>灭火方法</td><td colspan="3">切断气源。若不能切断气源,则不允许熄灭泄漏处的火焰。喷水冷却容器,可能的话将容器从火场移至空旷处。灭火剂:雾状水、泡沫、二氧化碳、干粉。</td></tr>
</table>

续表

毒性及健康危害	健康危害	甲烷对人基本无毒,但浓度过高时,使空气中氧含量明显降低,可致窒息。当空气中甲烷达到25~30%时,可引起头痛、头晕、乏力、注意力不集中、呼吸和心跳加速、共济失调。若不及时脱离,可致窒息死亡。皮肤接触液化本品,可致冻伤。
	吸入	迅速脱离现场至空气新鲜处。保持呼吸道通畅。如呼吸困难,给输氧。如呼吸停止,立即进行人工呼吸。就医。
	其他有害作用	该物质对环境可能有危害,对鱼类和水体要给予特别注意。还应特别注意对地表水、土壤、大气和饮用水的污染。
	废弃处置方法	用焚烧法。
接触控制/个体防护	工程控制	生产过程密闭,全面通风。
	呼吸系统防护	一般不需要特殊防护,但建议特殊情况下,佩戴自吸过滤式防毒面具(半面罩)。
	眼睛防护	一般不需要特殊防护,高浓度接触时可戴安全防护眼镜。
	身体防护	穿防静电工作服。
	手防护	戴一般作业防护手套。
	其他防护	工作现场严禁吸烟。避免长期反复接触。进入罐、限制性空间或其他高浓度区作业,须有人监护。
操作处置与储存	操作处置注意事项	密闭操作,全面通风。操作人员必须经过专门培训,严格遵守操作规程。远离火种、热源,工作场所严禁吸烟。使用防爆型的通风系统和设备。防止气体泄漏到工作场所空气中。避免与氧化剂接触。在传送过程中,钢瓶和容器必须接地和跨接,防止产生静电。搬运时轻装轻卸,防止钢瓶及附件破损。配备相应品种和数量的消防器材及泄漏应急处理设备。
	储存注意事项	储存于阴凉、通风的库房。远离火种、热源。库温不宜超过30 ℃。应与氧化剂分开存放,切忌混储。采用防爆型照明、通风设施。禁止使用易产生火花的机械设备和工具。储区应备有泄漏应急处理设备。
泄漏应急处理	迅速撤离泄漏污染区人员至上风处,并进行隔离,严格限制出入。切断火源。建议应急处理人员戴自给正压式呼吸器,穿防静电工作服。尽可能切断泄漏源。合理通气,加速扩散。喷雾状水稀释、溶解。构筑围堤或挖坑收容产生的大量废水。如有可能,将漏出气用排风机送至空旷地方或装设适当喷头烧掉。漏气容器要妥善处理,修复、检验后再用。	

表15　压缩天然气理化特性表

<table>
<tr><td rowspan="2">标识</td><td>中文名</td><td>压缩天然气</td><td>英文名</td><td>Liquefied petroleum</td></tr>
<tr><td>分子式</td><td></td><td>危货及UN编号</td><td>21053</td></tr>
<tr><td rowspan="5">理化特性</td><td>沸点</td><td>108.5 ℃</td><td>凝固点</td><td>无资料</td></tr>
<tr><td>相对密度(水=1)</td><td>1.32(约)</td><td>相对密度（空气=1)</td><td>无资料</td></tr>
<tr><td>外观性状</td><td colspan="3">无色气体或黄棕色油状液体,有特殊臭味。</td></tr>
<tr><td>溶解性</td><td colspan="3">不溶于水,易溶于苯、二硫化碳、醇,极易混溶于脂肪。</td></tr>
<tr><td>稳定性</td><td colspan="3">稳定</td></tr>
<tr><td rowspan="5">燃爆特性</td><td>闪点</td><td>无意义</td><td>爆炸极限</td><td>5–33%</td></tr>
<tr><td>自燃点</td><td>255~390 ℃</td><td>最大爆炸压力</td><td>0.813 MPa</td></tr>
<tr><td>火灾危险类别</td><td>甲B</td><td>爆炸危险组别类别</td><td>T3/ⅡA</td></tr>
<tr><td>危险特性</td><td colspan="3">与空气混合能形成爆炸性混合物,遇明火、高热极易燃烧爆炸。与氟、氯等能发生剧烈的化学反应。其蒸气比空气重,能在较低处扩散到相当远的地方,遇明火会引着回燃。若遇高热,容器内压增大,有开裂和爆炸的危险。</td></tr>
<tr><td>灭火剂种类</td><td colspan="3">泡沫、干粉、沙土、二氧化碳。</td></tr>
<tr><td rowspan="6">毒性及健康危害</td><td>毒性</td><td>对环境有危害</td><td>接触限值</td><td>10000 mg/m^3</td></tr>
<tr><td>健康危害</td><td colspan="3">中毒症状有头晕、头痛、兴奋或嗜睡、恶心、呕吐、脉缓等症状,严重时有麻醉状态及意识丧失。长期接触低浓度者,可出现头痛、头晕、睡眠不佳、易疲劳、情绪不稳定、植物神经功能障碍等。</td></tr>
<tr><td>皮肤接触</td><td colspan="3">脱去污染的衣物,皮肤接触大量液体会引起冻伤,按冻伤处理。</td></tr>
<tr><td>眼睛接触</td><td colspan="3"></td></tr>
<tr><td>吸入</td><td colspan="3">迅速脱离现场至空气新鲜处,保暖并休息。呼吸困难时给予输氧。呼吸停止时,立即进行人工呼吸。就医。</td></tr>
<tr><td>食入</td><td colspan="3"></td></tr>
</table>

续表 15

<table>
<tr><td rowspan="1">包装与储运</td><td>储运注意事项</td><td>易燃压缩气体。储存于阴凉、干燥、通风良好的不燃库房。仓温不宜超过 30℃。远离火种、热源。防止阳光直射。应与氧气、压缩空气、卤素(氟、氯、溴)、氧化剂等分开存放。储存间内的照明、通风等设施应采用防爆型。罐储时要有防火防爆技术措施。禁止使用易产生火花的机械设备和工具。槽车运送时要灌装适量,不可超压超量运输。搬运时轻装轻卸,防止钢瓶及附件破损。废弃:根据国家和地方有关法规的要求处置,或与厂商或制造商联系,确定处置方法。包装方法:钢质气瓶。</td></tr>
<tr><td rowspan="5">防护措施</td><td>工程控制</td><td>密闭操作。提供良好的自然通风条件。</td></tr>
<tr><td>呼吸系统防护</td><td>高浓度环境中,佩带供气式呼吸器。</td></tr>
<tr><td>眼睛防护</td><td>一般不需要特殊防护,高浓度接触时可戴化学安全防护眼镜。</td></tr>
<tr><td>手防护</td><td>必要时戴防护手套。</td></tr>
<tr><td>其他</td><td>工作现场严禁吸烟。避免高浓度吸入。进入罐或其他高浓度区作业,须有人监护。</td></tr>
<tr><td>泄漏处理</td><td colspan="2">疏散泄漏污染区人员至安全区,禁止无关人员进入污染区,切断火源。应急处理人员戴自给式呼吸器,穿一般消防防护服。在确保安全的情况下堵漏。喷水雾可减少蒸发。用活性炭或其他惰性材料吸收油料,然后收集于干燥洁净有盖的容器中,运至废物处理场所。若大量泄漏,则利用围堤收集、转移、回收或无害处理后废弃。</td></tr>
</table>

附件2：相关记录及附表

一、加气站购销存业务

1. 加气子站进货申请登记表

表2-1 加气子站进货申请登记表

项目序号	日期	站名	预报时间	申报时间	申报内容	申报人	记录人	备注

2. 天然气配送通知单

表2-2 天然气配送通知单

单号：

日期	月 日	要求出车时间	时 分
配送加气站		调拨单号	
车号		挂号	
当班班长签字		调度签字	

3. 加气站定点加气台账

表2-3 加气站定点加气台账

单位名称：　　　　　　　　　品名：　　　　　　　　　单位：m^3、元

年		记账凭证编号	摘要	期初		增加		减少		结存	
月	日			数量	金额	数量	金额	数量	金额	数量	金额

母站负责人：　　　　　　　　　核算员：

二、加气母站月末库存商品实物盘点表

表2-4 加气母站月末库存商品实物盘点表

盘点时间：　　　　　年　月　日　　　　　　单位：m^3

品名及规格	期初库存	本期入库			本期出库						期末应存	期末实存	盘点盈亏	本期盈亏处理	损益
		实际入库	管输损耗	购进量	内部	外部	维修用气	自用	其他	出库量					
	1	2	3	4=2+3	5	6	7	8	9	10=5+6+7+8+9	11=1+4-9	12	13=12-11	14	15=13-14
CNG															
备注	期末实存包括： 1.实存站存　　　　方； 2.子站未入库调拨单号：　　　　； 3.入账未到货：最后一天购进　　　　方。														

负责人：　　　　　　　　　计量员：　　　　　　　　　账务员：

三、加气母站月末库存商品盘点表

表2–5 加气母站月末库存商品盘点表

盘点时间：　　　　年　　月　　日　　　　单位：m^3

项目 数量 名称	帐面数量						库存数量					实际库存	损益
	期初库存	本期进货	本期移库	管输损耗	其他	期末库存	实存	加气站未入库	入账未到货	销售未结算	其他		
	1	2	3	4	5	6=1+2–3–4–5	7	8	9	10	11	12=7+8+9+10+11	13=12–6
备注	1. 出库包含外部　　　方、内部　　　方； 2. 销售未结算明细：未结算　　　方、未结算　　　方； 3. 子站未入库调拨单号：　　　　； 4. 入站未到货：最后一天购进　　　方。												

负责人：　　　　　　　　计量员：　　　　　　账务员：

四、加气母站日常在用设备天然气损耗记录

表2–6　加气母站日常在用设备天然气损耗记录

时间：　　　年　月　日

<table>
<tr><td>序号</td><td colspan="4">设备</td><td>原因</td><td>损失量(方)</td></tr>
<tr><td>1</td><td colspan="4">入口管线过滤器</td><td></td><td></td></tr>
<tr><td>2</td><td colspan="4">干燥塔</td><td></td><td></td></tr>
<tr><td>3</td><td colspan="4">压缩机</td><td></td><td></td></tr>
<tr><td>4</td><td colspan="4">加气柱排污</td><td></td><td></td></tr>
<tr><td rowspan="4">5</td><td rowspan="4">加气柱</td><td>加气柱编号</td><td>充装车次</td><td>单柱损耗量</td><td rowspan="4"></td><td></td></tr>
<tr><td>1</td><td></td><td></td><td></td></tr>
<tr><td>2</td><td></td><td></td><td></td></tr>
<tr><td>3</td><td></td><td></td><td></td></tr>
<tr><td>6</td><td>其他</td><td></td><td></td><td></td><td></td><td></td></tr>
</table>

五、加气站设备检修、抢修损耗确认单

表2–7　加气站设备检修、抢修损耗确认单(一)

加气站名称：

序号	维修时间	维修部位	维修内容	维修卸压损耗量(m^3)	维修人员	计量员	加气站经理
1							
2							
3							
4							
5							

表2-8　加气站设备检修、抢修损耗确认单(二)

加气站名称:

<table>
<tr><th>卸压设备</th><th>卸压原因</th><th>卸压部位</th><th>卸压次数</th><th>每次卸压损失量(m³)</th></tr>
<tr><td>加气机</td><td>更换枪阀</td><td>加气机电磁阀到加气枪阀</td><td>平均每月 2 次</td><td></td></tr>
<tr><td>压缩机</td><td>更换到期压力表</td><td rowspan="5">压缩机入口到出口</td><td>每年 2 次</td><td></td></tr>
<tr><td>压缩机</td><td>更换损坏压力表</td><td>每年 2 次</td><td></td></tr>
<tr><td>压缩机</td><td>更换损坏“O”型圈</td><td>每年 5 次</td><td></td></tr>
<tr><td>压缩机</td><td>维修进排气阀</td><td>每年 2 次</td><td></td></tr>
<tr><td>压缩机</td><td>日常维修</td><td>每月 3 次</td><td></td></tr>
<tr><td>压缩机</td><td>排污</td><td></td><td>每日</td><td></td></tr>
<tr><td>加气机</td><td>排污</td><td></td><td>每月</td><td></td></tr>
<tr><td>更换拖车</td><td>泄压</td><td></td><td>每车</td><td></td></tr>
<tr><td>压缩机</td><td>压缩机大修</td><td>全部卸压</td><td>每年 1 次</td><td></td></tr>
</table>

六、加气站设备运行记录

表2-9　加气站设备运行记录

年　月　日

<table>
<tr><th rowspan="2">时间</th><th colspan="7">压缩机</th><th colspan="2">拖车瓶组</th><th colspan="4">固定瓶组</th><th rowspan="3">记录人</th><th rowspan="3">备注</th></tr>
<tr><th colspan="4">各级压力(Psi)</th><th rowspan="2">回收罐压力(Psi)</th><th colspan="2">各级温度(℉)</th><th rowspan="2">压力(MPa)</th><th rowspan="2">温度(℉)</th><th colspan="2">高压瓶组</th><th colspan="2">中压瓶组</th></tr>
<tr><th>时分</th><th>油压</th><th>进气</th><th>一级出口</th><th>一级出口</th><th>一级出口</th><th>一级出口</th><th>压力(MPa)</th><th>温度(℉)</th><th>压力(MPa)</th><th>温度(℉)</th></tr>
<tr><td></td><td></td><td></td><td></td><td></td><td></td><td></td><td></td><td></td><td></td><td></td><td></td><td></td><td></td><td></td><td></td></tr>
<tr><td></td><td></td><td></td><td></td><td></td><td></td><td></td><td></td><td></td><td></td><td></td><td></td><td></td><td></td><td></td><td></td></tr>
<tr><td></td><td></td><td></td><td></td><td></td><td></td><td></td><td></td><td></td><td></td><td></td><td></td><td></td><td></td><td></td><td></td></tr>
<tr><td colspan="9">设备运行情况:
本日设备运行　　　　小时;
　　故障停机　　　　小时;
　　脱销停机　　　　小时;
设备累计运行　　　　小时。</td><td colspan="7">设备停机原因及维修情况:</td></tr>
</table>

加气站经理:

七、天然气商品调拨单

表2-10 天然气商品调拨单

提气单位：　　　　　　加气站：　　　　　　调拨单号：

<table>
<tr><td>品名规格</td><td>计量单号</td><td>返空数量(m³)</td><td>充装数量(m³)</td><td>调拨数量(m³)</td><td>车号</td><td>发车时间</td></tr>
<tr><td>压缩天然气</td><td></td><td></td><td></td><td></td><td></td><td></td></tr>
<tr><td>性质</td><td colspan="6">易燃、易爆、有毒，相对密度小于空气。</td></tr>
<tr><td>紧急处置方式</td><td colspan="2">切断气源</td><td colspan="2">紧急处置联系单位</td><td colspan="2"></td></tr>
<tr><td>联系电话</td><td colspan="6"></td></tr>
</table>

复核：　　　　　开票：　　　　　承运人：

注：此调拨单一式六联：第一联为存根；第二联为提气单位；第三联为营销部；第四联为母站；第五联为承运人；第六联为门卫。

八、加气站天然气验收计量入库单

表2-11 加气站天然气验收计量入库单

收货单位：　　　　　　　　加气站：　　　年　月　日　　　No.

<table>
<tr><td rowspan="2">板车号</td><td rowspan="2"></td><td>拖车到达子站时间</td><td>时分</td><td>拖车瓶组回空时间</td><td>时分</td><td>实际入库数量(m³)</td></tr>
<tr><td>子站卸气前压力(MPa)</td><td></td><td>拖车瓶组回空压力(MPa)</td><td></td><td rowspan="3"></td></tr>
<tr><td>调拨单号</td><td></td><td>子站卸气前温度(℃)</td><td></td><td>拖车瓶组回空温度(℃)</td><td></td></tr>
<tr><td>调拨数量(m³)</td><td></td><td>子站卸气前数量(m³)</td><td></td><td>拖车瓶组回空数量(m³)</td><td></td></tr>
<tr><td>验收人</td><td colspan="3"></td><td>验收人</td><td></td><td>复核</td></tr>
<tr><td>驾驶员</td><td colspan="3"></td><td>驾驶员</td><td></td><td></td></tr>
</table>

注：此计量单一式五联：第一联为存根；第二联为计量；第三联为营销部；第四联为母站；第五联为承运人。

九、加气站交接班记录

表2-12 加气站交接班记录

单位名称：　　加气站：　　时间：　年　月　日　　班次：　班　计量单位:m³、元

<table>
<tr><td rowspan="4">名称</td><td rowspan="4">接班瓶组内气量</td><td rowspan="4">加气枪编号</td><td colspan="3">加气机发出</td><td colspan="11">其中</td><td rowspan="4">交班瓶组内气量</td><td rowspan="4">备注</td></tr>
<tr><td rowspan="3">起泵码</td><td rowspan="3">止泵码</td><td rowspan="3">加气机发出数量</td><td colspan="7">加气机销售数量</td><td colspan="4">其他发出数量</td></tr>
<tr><td rowspan="2">小计</td><td colspan="2">现金销售</td><td rowspan="2">银联卡</td><td rowspan="2">IC卡</td><td rowspan="2">预付款</td><td rowspan="2"></td><td rowspan="2">小计</td><td rowspan="2">自用</td><td rowspan="2">维修</td><td rowspan="2"></td></tr>
<tr><td>数量</td><td>金额</td></tr>
<tr><td></td><td></td><td></td><td></td><td></td><td></td><td></td><td></td><td></td><td></td><td></td><td></td><td></td><td></td><td></td><td></td><td></td><td></td><td></td></tr>
<tr><td></td><td></td><td></td><td></td><td></td><td></td><td></td><td></td><td></td><td></td><td></td><td></td><td></td><td></td><td></td><td></td><td></td><td></td><td></td></tr>
<tr><td rowspan="2">普通发票交接</td><td colspan="5">使用:起码：　止码：　计　份</td><td rowspan="4">物资工具交接</td><td colspan="12" rowspan="4"></td></tr>
<tr><td colspan="5">空白:起码：　止码：　计　份</td></tr>
<tr><td rowspan="2">增值税发票交接</td><td colspan="5">使用:起码：　止码：　计　份</td></tr>
<tr><td colspan="5">空白:起码：　止码：　计　份</td></tr>
<tr><td rowspan="3">设备交接</td><td colspan="5">1.压缩机及其他设备运行情况：</td><td rowspan="3">4.配电室交接</td><td colspan="12">配电设备运行情况：</td></tr>
<tr><td colspan="5">2.固定瓶组:压力　MPa，　温度　℃。</td><td colspan="12" rowspan="2">配电室工具交接：</td></tr>
<tr><td colspan="5">3.拖车瓶组:压力　MPa，　温度　℃。</td></tr>
<tr><td>备注</td><td colspan="18">本班接收( )组移动瓶组。</td></tr>
</table>

加气站经理签字：　　交、接班前庭主管签字：　　操作工签字：　　核算员签字：

十、加气站天然气库存计量账

表2-13　加气站天然气库存计量账

母站调拨数量(m^3)	实收数量				运输溢耗量(m^3)	回空罐内数量			实际入库(m^3)	实际出量(m^3)	加气机出量(m^3)	销售溢耗量(m^3)	固定瓶组			移动瓶组			库存合计(m^3)	溢耗合计(m^3)	备注
	卸气前压力(MPa)	卸气前温度(℃)	卸气前罐内数量(m^4)	系数差量(m^4)		回空压力(MPa)	回空温度(℃)	回空罐内数量(m^4)					压力(MPa)	温度(℃)	罐内数量(m^3)	压力(MPa)	温度(℃)	罐内数量(m^3)			

加气站经理：　　　　　　　　操作工：

备注：1.母站调拨数量=调拨单上账数量。2.实收数量=拖车瓶组安装前的读数。3.运输溢耗=实收数量-母站调拨数量。4.回空数量=拖车瓶组返空数量。5.实际入库=母站调拨数量-回空数量=上账数量。6.实际出库=上一次固定瓶组数量+实收数量-本次固定瓶组数量-回空数量。7.加气机出量=加气机后泵码-前泵码。8.销售溢耗量=加气机出量-实际出量。9.库存合计=固定瓶组数量+移动瓶组数量。10.溢耗合计=运输溢耗+销售溢耗。11.备注记录调拨单号后5位。

附件3：引用的规范性文件

一、《特种设备安全监察条例》[国务院令第373号]

二、《蒸汽锅炉安全技术监察规程》[劳动部发(1996)276号]

三、《压力容器安全技术监察规程》[质技监局发(1999)154号]

四、GB 50156—2012《汽车加油加气站设计与施工规范》

五、GB/T 18603—2001《天然气计量系统技术要求》

六、CJJ 84—2000《汽车用燃气加气站技术规范》

七、GB 15599—1995《石油与石油设施雷电安全规范》

八、Q/SY WH 4214—2002《设备技术档案管理标准》

九、中国石油天然气集团公司《事故管理办法》

十、《中国石油甘肃销售分公司设备管理办法》

十一、《中国石油甘肃销售分公司电气安全管理规范》

十二、《中国石油甘肃销售分公司防静电安全规定》

十三、《中国石油甘肃销售分公司防雷安全规定》

后 记

《加气站操作实务手册》编写工作由多名业务骨干和专业人士参与,数易其稿,终于和读者见面了。

本书的主要内容是中国石油甘肃销售公司从事加气站业务的各级管理人员和广大员工在实践中总结出来的。中国石油甘肃销售公司加气站从2006年投运以来,经过7年时间,已成为车用燃气的主要供应商。这一阶段是加气业务从起步到发展壮大阶段,也是我们对加气业务管理与操作不断探索、总结和完善的阶段。其主要内容都是在实际工作中总结、实践、再总结、再实践过程中完善形成的,所以具有很强的实用性和可操作性。

本书关于加气站的建设和设备操作流程完全符合石油石化行业的相关要求,安全环保方面的主要规范严格依据了国家及甘肃省相关的法律法规,以及中国石油行业规章制度。

本书在编写过程中,得到了政府部门和上级领导的大力支持和亲切关怀。几年期间从事过加气业务的各级管理者、专业人士和业务骨干对本书的编成付出了艰辛的努力,提供了智力支持和思想保证。我们在此表示衷心的感谢和崇高的敬意!

由于水平有限,加之时间仓促,本书难免有疏漏和不足之处,敬请同行和读者提出宝贵意见,以便于我们持续改进、不断提高。

《加气站操作实务手册》编者

2013年7月